JCG

me1906
montagud editores

Espetones.
Skewers.
Málaga.

Dirección de la obra | Javi Antoja de la Rosa

Equipo editorial | Álex Cebrián, Lúa Monasterio, Alba Llacera

Traducción | Cristina Cruz

Diseño | María Ortiz, Javi Antoja

Fotografía | Mikel Ponce

Impreso en España

Depósito Legal: M-18613-2024
ISBN: 978-84-7212-201-7

Es una obra de Montagud Editores
Directora: Ana Moreno. Editor: Javi Antoja de la Rosa.

@Montagud1906

Restaurante José Carlos García
Málaga, España.

José Carlos.
Lourdes.
Málaga.

raíces

Imagine un árbol. No uno cualquiera. Al mirarlo, todos alrededor saben cuál es y por qué es único. Se sabe parte de un todo y a ese todo contribuye, en simbiosis con su alrededor. Nació de un buen esqueje; es sólido y robusto. En parte, porque ya lleva tiempo ahí. No hay tormenta que haga mella en todo un veterano del bosque.
Ahora, imagine sus raíces bajo el suelo. Con sus formas intrincadas, cada una sigue su propio camino... o no. Puede que sólo busquen distintas vías para cumplir con el gran objetivo común: sustentar y dar forma a eso que se alza tierra arriba.

Origen, trayectoria, valores y misión se aúnan en este libro para descubrir un proyecto gastronómico que lleva más de una década brillando con luz propia en el panorama gastronómico español. En el plato, "siempre un gran dominio técnico, con unas elaboraciones que exaltan los productos locales de proximidad y los sabores malagueños de toda la vida". Lo dice la Guía Michelin, que incluyó al restaurante de José Carlos García y Lourdes Luque entre sus estrellados cuando apenas llevaba unos meses abierto.
El propio cocinero rememora, relata y analiza todo ello a continuación.

el origen, una vocación descubierta

Rodeado de oficio desde su más tierna infancia, José Carlos García se percata de su inclinación por la cocina de manera natural. Sus padres, que habían levantado un negocio de éxito a golpe de trabajo, le invitan a recibir formación reglada en una emblemática escuela andaluza: La Cónsula.

"Me crie justo al lado de la churrería de mis padres, en la localidad malagueña de El Rincón de la Victoria. Vivía con mis abuelos maternos, y siempre sentía curiosidad por acercarme allí. No tendría más de cinco o seis años cuando me ponía a jugar con la harina. Era un niño, pero, de alguna manera, sabía que había algo que me llamaba la atención.
Pasaba el tiempo, y me encantaba hacer cosas para mis amigos. Una vez, en cocina, con mi padre, me puse a preparar tortillas de distintos sabores. No vendimos ni una, pero había una idea.
Con 18 o 19 años, en 1996-97, ayudaba en el negocio familiar como camarero, haciendo extras. Terminaban los servicios, y yo me descubría en la cocina; con la camisa, la corbata... y un delantal. Y es que, de forma natural, acababa yendo allí para trabajar con mis padres.
Ellos habían levantado el Café de París, un restaurante emblemático en Málaga, con mucho esfuerzo. Mi madre era costurera en El Rincón de la Victoria. Mi padre tuvo que aprender a guisar por circunstancias... Mis abuelos paternos viajaban al ser él marchante de ganado. Ella, la pobre, ofrecía su trabajo en distintos sitios. Así llegó mi padre a la restauración; pero siendo un empleado aventajado: con conocimientos, con mucho impulso, con una gran capacidad de trabajo, con una notable creatividad y con un carácter muy comercial.
Ambos se habían dedicado siempre a procurar el disfrute a los demás, cada uno a su manera; y acabaron trabajando en la hostelería, juntos. Es algo de lo que me siento muy orgulloso: en ciertos momentos, no lo pasarían bien del todo, tendrían sus complicaciones hasta crear todo eso. Me lo imagino porque, ahora, me toca pasar lo mismo con Lourdes, mi esposa, y nuestros dos hijos.
Recuerdo que, con mis padres, el ambiente familiar siempre fue muy bonito, pero escaso. Ellos sabían de lo 'esclavo' de la vida que tomaron en 1978 y lo aceptaron al 100 %. Ahora, en los ratitos que tenían libres, disfrutábamos mucho. Las vacaciones —que ellos sólo tuvieron a los ocho años de abrir la churrería— eran intensísimas.
Tengo la lección aprendida de lo vivido. No me lamento, pero hasta que fui un adolescente —mi hermana tendría unos 18— no pudimos ir a vivir con ellos. Lourdes y yo programamos todo nuestro proyecto para poder dedicarles tiempo de calidad, para verles crecer y crecer con ellos, dentro de lo sacrificado que es este oficio.
Volvamos a ese momento en el que me veo vestido de camarero, pero con un delantal, y ayudando a mis padres en la cocina. Me dije que eso era lo que realmente me gustaba.
Ellos me empujaron a estudiar. Me matriculé en la Escuela de Hostelería de Málaga, más conocida como La Cónsula".

la curiosidad.
aprender de cocina, aprender en otras cocinas

José Carlos García termina sus estudios de cocina, pero quiere más. La idea de formarse en otros restaurantes le atrae hasta rozar la obsesión. Consigue unas prácticas con Martín Berasategui... y cambia Málaga por Lasarte. El stage con Joan Roca llegaría después.

"En La Cónsula, descubrí mucho sobre hostelería. Me enamoré aún más de mi trabajo. Al terminar mis estudios, decidí que me seguiría formando en otros restaurantes. Sentía una gran curiosidad; mucha ansia de seguir aprendiendo.
Después, llegó un momento en el que, incluso, rocé la obsesión. Me convertí en un pequeño friki de la restauración, y eso que ya llevaba haciéndolo desde pequeño... Las vacaciones con mis padres consistían en visitar restaurantes y mercados; así que, de alguna manera, ya hacía prácticas entonces.

Ellos tenían muy claro que tenía que aprender por otras vías, tanto en la escuela como en restaurantes. Y no porque no quisieran enseñarme, que querían; y lo hicieron. En ese sentido, tenían una mentalidad muy actual. Y en muchos otros...
En aquel momento, no existían los medios de acceso a la información con los que contamos ahora. Mi padre salía continuamente. Quería ver qué sucedía en los grandes restaurantes; qué hacían Jean Louis Neichel y Carles Gaig en Barcelona, qué servían Martín Berasategui y Juan Mari Arzak en el País Vasco, qué pasaba en Francia...
De vuelta en el Café de París, doy otro salto: un stage con Joan Roca, cuando El Celler de Can Roca contaba con una estrellita. Correría el año 98 o 99. Tras éste, llegarían varios establecimientos en Francia y Luxemburgo. La verdad es que le cogí el gusto... Transcurridos cuatro años, mi padre me llamó y me dijo que ya era hora de volver a casa para plasmar todo lo aprendido. Me contrató de una manera algo más formal para la pastelería del Café de París. Correría el año 2000".

la perseverancia, cómo construir un camino propio

José Carlos García siempre ha encajado con naturalidad el ser hijo de uno de los restauradores más apreciados de Málaga. Ya asentado en el Café de París, tuvo que labrarse un camino propio a base de perseverancia y de una ilusión controlada.

"Claro que he sido 'el hijo de', y siempre lo he llevado muy bien. Seguía a mi padre: siempre me dio casi todo lo que quise, y yo le correspondía. Le escuchaba. Ahora, cuando se incorpora alguien al equipo con esa actitud de hacer lo que yo hacía, intento ponerme en su pellejo y actuar como mis padres conmigo; inculcándole que nunca se rinda, con una de cal —con cariño— y otra de arena. No es fácil, pero creo que es una buena oportunidad para crecer.
Creo que la gente sigue llegando con ganas de aprender y con disposición de escuchar. Lo que ocurre es que la Sociedad va un ritmo frenético, y estamos muy distraídos con tantas cosas que pasan. ¡En mi época también las había! Yo mismo, por ejemplo, siempre he sido un fanático de los coches y las motos. Ahora, todo es excesivo.
Y, ante eso, tenemos que descubrir a esas personas que vienen con ganas poniendo de nuestra parte. Esto me dijo Joan Roca, cuando vino a cocinar a casa para celebrar el décimo aniversario de Restaurante José Carlos García: tenemos la obligación de ilusionar, de enamorar y de conquistar a las generaciones que vienen cerca. Como cocineros y como empresarios, debemos dignificar la profesión, despojarla de esa coletilla de 'trabajo esclavo'.
Y, por supuesto, debemos escucharles... Aprendo mucho de ellos, así como de los clientes. Cuentan con mucha información para compartir.
Cuando, recién llegado de mis prácticas, aterricé de manera más formal en Café de París, eran otros tiempos. Como decía, seguía a mi padre, pero buscando mi propio camino. Lógicamente, y en ocasiones, sufría. Escuchaba cómo algún cliente le comentaba: "Dile a tu hijo que no ponga más tonterías de éstas", y resultaba muy doloroso. Yo, que llegaba con toda la ilusión del mundo, con algún crujiente de manzana, algún aperitivo o algún detalle para incorporar a los platos...
Acabé tomándomelo como un reto. Tenía que ganar la confianza de esos clientes. Años después, alguno ya me dijo: "Oye, Charlie —así me llamaban—. Vengo con unos invitados. Ponme algunas tonterías". Lo conseguí, pero lo tuve que pelear. Alguna vez me lamenté. Pero era lo que tocaba: había que pagar un peaje en ese camino propio. Y, ante eso, dos opciones: o tirar la toalla o batirlo. Hoy, esos clientes nuestros siguen ahí, y sus hijos también.
Pasado el tiempo, esto es muy fácil de decir. Siendo un veinteañero, no tanto... Era al calmarse los ánimos cuando llegaba la reflexión. Más que de paciencia, se trataba de perseverancia, conjugada con una ilusión... controlada. Hay que tenerla, pero sin matar en su nombre a la gallina de los huevos de oro. La ilusión puede con todo.
Lo peleé yo, y también mis padres: les costaba dinero. Esas 'tonterías' que yo quería hacer no se cobraron —ellos, que me lo permitían todo, lo veían como una inversión en mí— hasta que no empezaron a hacer negocio. Me brindaron un apoyo vital. Mi madre, como la parte dulce; toreando mis lamentos de una manera magistral (como todas las madres); proponiendo siempre alternativas. Mi padre, como una voz que me llamaba a espabilar. Estaban en equilibrio. ¡Me siento tan afortunado!
Digo 'tonterías' con mucho cariño... Eran, básicamente, platos de mi padre que evolucionaba ligeramente; como el parfait de ave que ya preparaba en la churrería, y en el que sustituí la manteca por mantequilla, añadiendo algunos perfumes y dando otra presentación. Con el paso del tiempo, se han convertido en bocados aclamados por los comensales; son propuestas que figuran en este libro".

la gestión del éxito, un chaparrón de estrellas

Con José Carlos trabajando en el restaurante de sus padres, las cosas comenzaron a ponerse serias. Llegó la estrella... y el chaparrón. Tocó disfrutar el momento, y también aguantar la presión, y aprender a capear tanto éxitos como fracasos. En éstos, el apoyo de sus padres fue vital.

"Un día del año 2002, nos llamó Martín Berasategui y nos dijo que compráramos el periódico al día siguiente: saldría que la Guía Michelin nos había dado una estrella. Por aquel entonces, no había galas ni eventos como los de ahora. No me lo creía... Pensé, incluso, que era una de sus bromas.

Pero era cierto. El Café de París tenía su estrella. Empezó otro ciclo en nuestra etapa profesional. El restaurante se llenaba cada día. Nos pasaban muchas cosas bonitas, todas a golpe de trabajo. También nos cayó un chaparrón de los buenos... Contaría con unos 25 años para 26 y ya tenía rodaje; pero la cantidad de palos fue impresionante. Me costó asimilarlo hasta el punto de no levantar cabeza durante un año.
Claro que había disfrute, y también mucha presión; un montón de circunstancias y nuevas sensaciones. En el restaurante, desde que llegó la estrella, se vivía una especie de lucha de titanes, jugada desde el cariño y el respeto que tengo a mis padres. En algún momento, liderando mi pequeño equipo en paralelo, parecía que ya sólo valía lo mío y que lo de mis padres era secundario. Podría decirse que morí de éxito: todo el mundo me aclamaba y a todo el mundo le parecía bien lo que hacía, aunque realmente no fuera así.
Por otro lado, había que respetar y mantener a esos clientes que mis padres habían hecho durante toda una vida de trabajo. Esa lucha era sana, y generaba un desgaste. Sano, pero desgaste...
Todas esas nuevas sensaciones son bonitas. Casi todas... Hay una amarga: el caer en la cuenta de que la perfección hay que seguir trabajándola; de que, aunque te hubieran dado una estrella estando con papi y mami, no todo valía. Llegó el momento de la equivocación y la corrección, una nueva equivocación y una nueva corrección.
Y es que cometí errores... Reconozco que se me subió a la cabeza, como le podría ocurrir a cualquier chaval de 25 años con una estrella; más aún, en el restaurante familiar, donde tenía de todo. Debía demostrarlo. En mi vida, supuso una lección muy importante el poder llegar a esas reflexiones. Pasados ya mis 50 años, las hago con mayor facilidad.
Ahí, y en todo, siempre he tenido el cariño de mis padres. Hay algo que no dejo de agradecerles: que me permitieran una infinidad de errores, con todas sus consecuencias; lo que es una gran ventaja para alguien que quiere hacerse un hueco. Si no es por ellos, quizá nadie me hubiera dado esas oportunidades ante las equivocaciones que todo el mundo comete".

los valores y los referentes. ante todo, el placer

Entre los valores absorbidos de sus padres, entre los aprendidos en las casas de Martín Berasategui y Joan Roca; José Carlos García traza un equilibrio. Están la garra admirada y la serenidad perseguida; y, sobre todo, el buscar procurar placer ante toda circunstancia.

"Entre los valores que nuestros padres nos inculcaron a mi hermana y a mí, se encuentra el del respeto. Más allá del obligado para con todo el mundo —como en el caso de cualquier familia—, el del respeto al cliente. Hay algo que siempre ha dicho mi madre: cuando estamos en el restaurante, nuestra única misión es hacer que la gente disfrute mucho; luego, si se puede, se gana dinero.
También, ya fuera de casa, miro a Martín Berasategui y a Joan Roca. Podría decirse que son mis dos referentes: siempre han estado cerca en todo lo que he ido aprendiendo. Y siempre me han inspirado; ellos y sus formas de vida... De Martín, admiro la parte guerrera, luchadora. Es un tipo incombustible, con ganas de ser el mejor y con un gran fondo. También es cariñoso, familiar y muy amigo de sus amigos. En Joan están la calma y la serenidad, y esa manera de transmitirlo...
Con todo, sin lugar a dudas, mis mayores referentes han sido mis padres. He visto cómo han trabajado, cómo han luchado, cómo han crecido profesionalmente. Nunca tuvieron estrella, ni tantos reconocimientos como hay ahora, pero sí tuvieron el aprecio de unos clientes de toda la vida. Desde que preparaban café con churros y bocadillos, para mí han sido la mejor escuela y un ejemplo que seguir. Y, el Café de París, el mejor restaurante del mundo".

tradición y clasicismo

En la cocina de José Carlos García destaca el respeto al origen y al clasicismo, con eminentes toques contemporáneos. La tradición lo envuelve todo; más allá de lo gastronómico, como forma de vida.

"Podría decirse que nuestra cocina es clásica, conservadora... de principios auténticos. Intentamos por todos los medios que no se pierdan. Eso, por supuesto, no se contradice con una filosofía contemporánea... Por ejemplo, nos aprovechamos de los avances técnicos —vigilando, en todo caso, esa tentación fácil de desvirtuar los procesos—, procuramos conocer mucho del producto y trabajamos por una presentación actual.

Digo 'clásica' o 'conservadora' con connotaciones muy positivas; con mucho cariño y para nada en el sentido de querer cosas fáciles. Podríamos, incluso, llamarla 'clásica-respetuosa'; realmente ésa es la intención.
La tradición siempre está presente. Todo parte de ella. Es el eje de nuestro menú; de propuesta. Más allá, incluso, de lo gastronómico, podría decirse que es una forma de vida; con las matanzas —aunque ahora no estén muy bien vistas—, en la noche de San Juan, cuando fuimos a la playa para comer sardinas y mojarnos los pies; o con los higos chumbos. Son la fruta del verano en la playa. Recuerdo que mi padre preparaba un sorbete con ellos, añadiendo unas gotas de limón para modular su dulzor, y era visto como un loco...
Al fin y al cabo, no se trata de modas, sino de lo que me encuentro en el mercado".

lourdes, el equilibrio es vital

En tándem personal y profesional, Lourdes Luque es la segunda mitad de Restaurante José Carlos García. Amable, resolutiva y discreta, establece un equilibrio con el cocinero que es imbatible en el día a día.

"¿Albergo dudas? ¿Me pregunto y me replanteo las cosas? A nivel profesional, todos los días. Si no, estamos perdidos. Pero tengo la suerte —y espero tenerla durante toda mi vida— de contar con una persona al lado a la que puedo consultar. Somos pareja, familia y socios. Hablo de Lourdes. Es una compañera de viaje importantísima para mí. Ante esas dudas, ante posibles 'espinas', me da respuestas más que consolarme.
La decisión de trabajar juntos fue muy meditada. Había visto a mis padres hacerlo y mantenían una relación excelente, pero también he visto muchos problemas y muchos fracasos.
Lourdes aporta equilibrio. Yo soy un tipo que dispara rápido y ella, reflexiva, busca alternativas. En el día a día, es amable y muy generosa: quiere que todos queden contentos. También es resolutiva —apaga muchos fuegos— y discreta. No se la ve, pero siempre está".

el restaurante José Carlos García hoy, disfrutar para hacer disfrutar

José Carlos García y Lourdes Luque han levantado su restaurante como una forma de vida. Con un producto de proximidad que se emplea por sentido común; el objetivo, la misión e incluso la obsesión es procurar un disfrute para el que es indispensable el propio. En todo, Andalucía y Málaga, como territorio y como ciudad, son telón de fondo con toda la naturalidad.

"Lourdes y yo hemos construido este restaurante como nuestra forma de vida. Siempre ha sido así. La idea surgió alrededor de 2008. Queríamos crecer; y hacerlo con la ciudad: se hablaba de un proyecto por el que Málaga dejaría de dar la espalda al mundo... No podíamos quedarnos atrás si ella avanzaba.
Dimos el salto desde donde yo había crecido profesionalmente: el Café de París. Ya se encontraba en la ciudad, y en el barrio de la Malagueta. Allí lo trasladaron mis padres desde El Rincón de la Victoria; cuando compraron una bodega abandonada en la acera de enfrente de la churrería, levantaron un negocio de éxito y los clientes empezaron a reclamar su presencia en la capital.
Lourdes y yo, con el apoyo del arquitecto Juan Carlos Rodríguez, asumimos un riesgo, dando un salto bastante vertiginoso. Sufrimos... Era un proyecto ambicioso de muchísimo dinero; y no teníamos, ni queríamos, ningún tipo de soporte. Estuvimos tres años soñando, luchando, buscando financiación... hasta que lo conseguimos. Restaurante José Carlos García abrió sus puertas en 2012. Con la cocina en el centro, como declaración de intenciones... y para vencer mi timidez. Tengo que adaptarme, y ésta es una gran forma de dedicar a los comensales el absoluto cariño que merecen.
En 2022, celebramos nuestro décimo aniversario por todo lo alto. Queríamos dar las gracias a toda la gente que ha confiado en nosotros; a los clientes que tanto nos han apoyado. Pusimos en marcha muchas iniciativas. Entre ellas, pude cocinar con mis maestros: Martín Berasategui y Joan Roca. Haberles visto en nuestra casa, trabajando mano a mano, no tiene precio.
Aquí seguimos... La idea principal es que quien venga, lo haga por muchas razones; pero que, entre todas ellas, se encuentren las personas que trabajamos aquí. Queremos que perciban de manera muy clara que nuestra misión, nuestro objetivo e incluso nuestra obsesión es que disfruten de lo que nosotros disfrutamos: cocinar y atender.
Con los años, he ido aprendiendo que más vale poco y bueno que mucho y malo. Por ejemplo, en el caso del producto. No tengo fantásticas espardeñas, pero sí excelentes conchas finas. Y no soy ningún fanático de la proximidad... Se trata, simplemente, de emplear el sentido común y de aprovechar al máximo los recursos cercanos mientras presumo de ellos. Me dan garantías; mediante ellos, intento ser honesto, conmigo mismo y con lo que tengo alrededor.
Tampoco nos consideramos de vanguardia, sino actuales y contemporáneos. La vanguardia me encanta, pero no es nuestro reclamo principal. Por supuesto, intentamos darle un poco de chispa; dentro de que soy una persona muy cercana y transparente, aunque tímida.
Aquí hay algo importante: si nosotros no lo hacemos, es imposible que el cliente lo sienta. En el caso del producto, si no gozamos trabajar con esa alcachofa, con ese ajoblanco; si no me enamoro de lo que tengo cerca, no puede ser. De igual forma ocurre con el equipo. Necesito estar cómodo y feliz para poder hacer mi trabajo, y que esa felicidad llegue al cliente. La única forma de hacerlo es que ellos estén igual de contentos que yo. No tenía esa visión con 25 años, con una estrella y creyéndome el rey del mambo... Ahora, busco aplicar esa serenidad que aprendí —y que yo mismo experimenté— de Joan Roca.

José Carlos García. Málaga.

Hay una filosofía más amplia; siempre lo digo... Cuando voy a un restaurante con amigos, a cualquiera, se nota cuando hay mano de cocinero; cuando el tipo ha puesto el corazón. No hay por qué hacer fuegos artificiales.
Eso es primordial, y el cliente lo percibe. Y necesitamos que, en el rato que esté con nosotros, haya, al menos, un 'wow'; que se lleven, al menos, un recuerdo. Con uno, nos conformamos. Ahí es donde de verdad reflejamos lo que sentimos.
Ahora, cuando hay varios, ya es plenitud...
Como lo es cuando les volvemos a ver. De hecho, para mí es el único feedback que existe. Lo que pongan en redes nos viene muy bien; es fantástico. Pero que alguien te reserve desde hace 30 años... es lo mejor que puedes tener. Al menos, lo más creíble para mí. Soy un tipo muy incrédulo.

Evidentemente, no puedes conquistar a todo el mundo. Es imposible. Ni en la cocina, ni en la vida. Siempre lo he sabido. No es frustración, sino realismo. Y yo soy muy realista... Hay que asumirlo y, si no se hace, nos encontramos ante un problema serio.
Esa lección la aprendí de mis padres. Me decían que mirara los platos en la basura, cuando llegaran al office, cuando el camarero entra tras recoger. Yo pensaban que estaban locos... Pero ahí está la respuesta a si les hemos conquistado o no. Luego, todo el mundo va a decir que todo está muy bueno, que somos los mejores. La felicitación se corresponde, puede tener cierta verdad, cuando el plato está vacío. Puede ser que tengan mucha hambre; no creo que sea el caso en un restaurante como el nuestro. Por lo tanto, ante la mayoría de platos sin nada, entiendo que han gustado. Supone una gran satisfacción que da seguridad en uno mismo.
Lo que sí se puede es intentar gustar a todo el mundo. Y eso se transmite a través de ese cariño, de esas manos de cocinero; y desde la sensatez.
Andalucía está en todo de forma natural. No sólo por ese producto que tengo tan cerca, sino porque son mis costumbres y es mi cultura. Lo llevo dentro. Me siento increíblemente orgulloso de la despensa y de nuestras raíces... Desde vinos únicos como los del Marco de Jerez hasta las verduras y frutas del valle del Guadalhorce (aquí, en Málaga), pasando por tantas otras cosas.
Y, dentro de Andalucía, se encuentra Málaga... y Málaga somos. Por ejemplo, con el guiño que hacemos al boquerón con la pipirrana o con la concha fina. Así, podría decirse que el 40 % de nosotros es el mar de nuestra tierra. Otro 40 % lo representan la huerta y el sol. Y, el 20 % restante, las gentes del lugar; nuestra forma de ser. Somos grandes anfitriones: queremos que los demás lo pasen bien en nuestro territorio.
Éste también es urbano... Durante muchos años, he querido ser partícipe de mi ciudad. Por ejemplo, en la recepción de la inauguración del Museo Picasso, en 2003 y con invitados de todo el mundo. Fue especial para mí porque suponía un punto de inflexión importante para la ciudad desde el punto de vista cultural. O, ya en la región, colaborando con centros de formación de indudable relevancia, como CIO Mijas. Me siento muy integrado, mimetizado, en esta ciudad; en esos pasos que ha dado para estar en el mundo.
Andaluces y malagueños, creo que somos —aunque suene algo pretencioso— únicos, al igual que otras regiones de España. El poder presumir, divulgar y mantener todo ello me parece una obligación por puro sentido común.
Eso no se contradice con que me encante descubrir otras cocinas y, de vez en cuando, traiga algo...".

Las raíces de José Carlos García se agarran fuerte bajo esa tierra suya que es Andalucía. Se asientan en sustrato malagueño. La del origen, la del oficio mamado con sus padres, la de las hechuras en casa de Martín Berasategui y de Joan Roca. La de la perseverancia, la de la resiliencia y la de la autosuperación. La de la hospitalidad y la del negocio. La del respeto a la tradición y al clasicismo. La de querer a Málaga y la de querer bien para Málaga. La de la complicidad con Lourdes. La de procurar felicidad.

las de José Carlos García son raíces andaluzas que conforman un crisol de raíces.

Mediterráneo.
Mediterranean.
Málaga.

roots

Imagine a tree. Not just any tree. When you look at it, everyone around you knows what it is and why it is unique. It knows it is part of a whole and contributes to that whole, in symbiosis with its surroundings. It was born from a good cutting; it is solid and robust. Partly because it has been there for a long time. No storm can shake a veteran of the forest.
Now, imagine their roots beneath the soil. With their intricate shapes, each follows its own path... or not. They may just be looking for different ways to fulfil the great common goal: to sustain and shape that which rises up from the ground above.

Origin, trajectory, values and mission come together in this book to discover a gastronomic project that has been shining with its own light on the Spanish gastronomic scene for more than a decade. On the plate, "Demonstrating impressive technical skill, they feature dishes that champion locally sourced ingredients and showcase time-honoured "malagueño" flavours". So says the Michelin Guide, which included José Carlos García and Lourdes Luque's restaurant among its starred restaurants when it had only been open for a few months. The chef himself recalls, describes and analyses all this below.

the origin. a vocation discovered

Surrounded by a trade since his earliest childhood, José Carlos García realised his natural inclination for cooking. His parents, who had built up a successful business through hard work, invited him to receive formal training at an emblematic Andalusian school: La Cónsula.

"I grew up right next to my parents' churro shop, in the town of El Rincón de la Victoria in Malaga. I lived with my maternal grandparents, and I was always curious to go there. I was no more than five or six years old when I was playing with flour. I was a child, but somehow, I knew there was something that caught my attention.
Time went by, and I loved making things for my friends. Once, in the kitchen with my father, I started making tortillas of different flavours. We didn't sell a single one, but there was an idea.
When I was 18 or 19, in 1996-97, I was helping out in the family business as a waiter, doing extras. When the services were over, I would find myself in the kitchen, with my shirt, tie... and an apron. Naturally, I ended up going there to work with my parents. They had built up the Café de París, an emblematic restaurant in Malaga, with a lot of effort. My mother was a seamstress in El Rincón de la Victoria. My father had to learn to cook because of circumstances... My paternal grandparents travelled as he was a cattle dealer. She, the poor woman, offered her work in different places. That's how my father came to the hospitality business, but he was a successful employee: knowledgeable, driven, hard-working, highly creative and commercially-minded.
Both had always been dedicated to bringing enjoyment to others, each in their own way, and they ended up working in hospitality together. It's something I'm very proud of: at certain times, they wouldn't have a good time, they would have their complications until they created all that. I can imagine it because now I have to go through the same thing with Lourdes, my wife, and our two children.
I remember that, with my parents, the family atmosphere was always very nice, but scarce.
They knew how 'slavish' the life they took on in 1978 was and they accepted it 100 %. Now, in the spare time they had, we enjoyed it very much. The holidays —which they only had eight years after opening the churro shop— were very intense.
I have learned my lesson from what I experienced. I don't regret it, but it wasn't until I was a teenager —my sister would have been about 18— that we were able to go and live with them. Lourdes and I programmed our entire project to be able to dedicate quality time to them, to see them grow and grow with them, in spite of the sacrifices that this profession entails.
Let's go back to that moment when I see myself dressed as a waiter, but wearing an apron, and helping my parents in the kitchen. I told myself that this was what I really liked.
They pushed me to study. I enrolled at the Escuela de Hostelería de Málaga (Hospitality school in Malaga), better known as La Cónsula".

curiosity. learning about cooking, learning in other kitchens

José Carlos García finishes his cooking studies, but he wants more. The idea of training in other restaurants attracts him to the point of obsession. An internship with Martín Berasategui... and swapped Malaga for Lasarte. The stage with Joan Roca would come later.

"At La Cónsula, I discovered a lot about hospitality. I fell even more in love with my job. When I finished my studies, I decided that I would continue my training in other restaurants. I was very curious; very eager to continue learning. After that, there came a time when I became obsessed. I became a bit of a restaurant freak, even though I'd been doing it since I was a child... Holidays with my parents consisted of visiting restaurants and markets, so in a way, I was already doing some practice at that time.

They were very clear that I had to learn in other ways, both at school and in restaurants. And not because they didn't want to teach me, they wanted to; and they did. In that sense, they had a very modern mentality. And in many other ways...
At that time, the methods of accessing information that we have today did not exist. My father went out all the time. He wanted to see what was happening in the big restaurants; what Jean Louis Neichel and Carles Gaig were doing in Barcelona, what Martín Berasategui and Juan Mari Arzak were serving in the Basque Country, what was happening in France?
Back at the Café de Paris, I took another step: a stage with Joan Roca, when El Celler de Can Roca had one star. The year was 98 or 99. This was followed by several establishments in France and Luxembourg. The truth is that I got a taste for it... After four years, my father called me and told me it was time to return home to put everything I had learned into practice. He hired me in a more formal way for the Café de Paris patisserie. It was the year 2000".

perseverance. how to build your own path

José Carlos García has always been a natural at being the son of one of Malaga's most esteemed restaurateurs. Once settled in the Café de Paris, he had to forge his own path through perseverance and controlled enthusiasm.

"Of course I've been 'the son of', and I've always handled it very well. I followed my father: he always gave me almost everything I wanted, and I reciprocated. I listened to him. Now, when someone joins the team with that attitude of doing what I did, I try to put myself in their shoes and act like my parents did with me; instilling in them to never give up, with one of lime —with love— and one of sand. It's not easy, but I think it's a good opportunity to grow.
I think people are still coming with a willingness to learn and a willingness to listen.
What happens is that society is going at a frenetic pace, and we are very distracted by so many things going on. In my day there were too! I myself, for example, have always been a fan of cars and motorbikes. Now, everything is excessive.
And, in the face of that, we have to discover those people who are willing to do our part. This is what Joan Roca told me when he came to cook at my house to celebrate the 10th anniversary of Restaurante José Carlos García: we have the obligation to excite, to make people fall in love and to conquer the generations that are close to us. As chefs and as entrepreneurs, we must dignify the profession, strip it of the label 'slave labour'.
And, of course, we have to listen to them... I learn a lot from them, as well as from the diners. They have a lot of information to share.
When, fresh from my internship, I landed more formally at Café de Paris, it was a different time. As I said, I was following my father, but finding my own way.
Naturally, and at times, he suffered. He would hear a customer say to him: "Tell your son not to put up any more of this nonsense", and it was very painful. I, who arrived with all the excitement in the world, with some apple crisp, an aperitif or something to add to the dishes...
I ended up taking it as a challenge. I had to win the trust of these customers. Years later, one of them already said to me: "Hey, Charlie —that's what they called me—. I'm here with some guests. Give me some nonsense". I got it, but I had to fight for it. Sometimes I regretted it. But it was what I had to do: I had to pay a toll on that road of my own. And, faced with that, there were two options: either throw in the towel or beat it. Today, those customers of ours are still there, and so are their children.
After some time, this is very easy to say. As a twenty-something, not so much... It was when the mood calmed down that the thinking came. More than patience, it was a question of perseverance, combined with a controlled... enthusiasm. You have to have it, but without killing the goose that lays the golden eggs in its name. The hope can do anything.
I fought for it, and so did my parents: it cost them money. Those 'silly things' I wanted to do were not charged for —they, who allowed me everything, saw it as an investment in me— until they started doing business. They gave me vital support. My mother, as the sweet part; dealing with my regrets in a masterful way (like all mothers); always proposing alternatives. My father, like a voice calling me to wake up. They were in balance I feel so lucky!
I say 'nonsense' with a lot of affection... They were, basically, my father's dishes that evolved slightly; like the poultry parfait that I used to prepare in the churro shop, and in which I substituted butter for lard, adding some perfumes and giving a different presentation. Over the years, they have become acclaimed dishes for diners; they are proposals that are featured in this book".

managing success. a downpour of stars

With José Carlos working in his parents' restaurant, things started to get serious. The star arrived... and the downpour. He had to enjoy the moment, but also endure the pressure, and learn to cope with both successes and failures. In these, the support of his parents was vital.

"One day in 2002, Martín Berasategui called us and told us to buy the newspaper the next day: it would say that the Michelin Guide had given us a star. Back then, there were no galas or events like there are now. I didn't believe it... I even thought it was one of his jokes.
But it was true. The Café de Paris had its star. It was the beginning of another cycle in our professional life. The restaurant was full every day. Many beautiful things were happening to us, all thanks to our work. We were also hit by a good downpour... I was about 25 years old for 26 and already had some experience; but the number of blows was impressive. It was hard for me to assimilate it to the point where I couldn't lift my head for a year.
Of course there was enjoyment, and also a lot of pressure; a lot of circumstances and new sensations. In the restaurant, since the star arrived, there has been a kind of titanic struggle, played out from the affection and respect I have for my parents. At some point, leading my small team in parallel, it seemed that only my own was worthwhile and that that of my parents was secondary. You could say that I died of success: everyone was cheering me on and everyone thought I was good at what I was doing, even though I wasn't.
On the other hand, I had to respect and keep those customers that my parents had made during a lifetime of work. This struggle was healthy, and it generated wear and tear. Healthy, but wear and tear...
All these new sensations are nice. Almost all of them... There is a bitter one: the realisation that perfection has to be worked for; that, even if you had been given a star when you were with mummy and daddy, not everything was worth it. It was time for a mistake and a correction, a new mistake and a new correction.
I admit that I made mistakes... I admit that it went to my head, as it could happen to any 25-year-old with a star; even more so in the family restaurant, where I had everything. I had to prove it. It was a very important lesson in my life to be able to come to these thoughts. Now in my 50s, I do them more easily.
There, and in everything, I have always had the affection of my parents. One thing I can't stop thanking them for is that they allowed me to make an infinite number of mistakes, with all their consequences, which is a great advantage for someone who wants to make a name for himself. If it wasn't for them, maybe no one would have given me those opportunities in the face of the mistakes that everyone makes".

values and references. first and foremost, pleasure

Between those absorbed from his parents, between those learned in the homes of Martín Berasategui and Joan Roca, José Carlos García strikes a balance. There is the admired grit and the pursued serenity; and, above all, the pursuit of pleasure in all circumstances.

"Among the values our parents instilled in my sister and me is that of respect. Beyond the obligation to everyone —as in the case of any family—, that of respect for the customer. There is something my mother has always said: when we are in the restaurant, our only mission is to make people have a lot of fun; then, if you can, you make money.
Also, away from home, I look to Martín Berasategui and Joan Roca. You could say that they are my two points of reference: they have always been close to me in everything I have learnt. And they have always inspired me; they and their way of life... From Martín, I admire the warrior side, the fighter side. He is a tireless guy, with a desire to be the best and with a great background. He is also affectionate, familiar and very friendly with his friends. In Joan there is calm and serenity, and that way of transmitting it...
However, without a doubt, my greatest references have been my parents. I have seen how they have worked, how they have struggled, how they have grown professionally. They never had a star, nor as much recognition as they have now, but they did have the appreciation of some lifelong customers. Since they used to make coffee with churros and sandwiches, for me they have been the best school and an example to follow. And the Café de Paris, the best restaurant in the world".

tradition and classicism

José Carlos García's cuisine is characterised by respect for origin and classicism, with eminent contemporary touches. Tradition is all-embracing; beyond gastronomy, as a way of life.

"You could say that our cuisine is classic conservative... of authentic principles. We do everything we can to ensure that they are not lost. That, of course, is not in contradiction with a contemporary philosophy.... For example, we take advantage of technical progress —while at the same time avoiding the easy temptation to distort the processes— we try to know a lot about the product and we work for a modern presentation.
I say 'classic' or 'conservative' with very positive connotations; with a lot of affection and not at all in the sense of wanting things to be easy. We could even call it 'classic-respectful'; that's really the intention.
Tradition is always present. Everything is based on it. It is the axis of our menu; of proposal. Beyond the gastronomic aspect, one could even say that it is a way of life; with the "slaughters" —although they are not very well received now—, or on St. John's Eve, when we went to the beach to eat sardines and get our feet wet; or with the prickly pears. They are the fruit of summer on the beach. I remember my father used to make a sorbet with them, adding a few drops of lemon to modulate their sweetness, and he was seen as crazy...
At the end of the day, it's not about fashions, it's about what I find in the market".

lourdes. balance is vital

In personal and professional tandem, Lourdes Luque is the second half of Restaurante José Carlos García. Friendly, decisive and discreet, she establishes a balance with the cook that is unbeatable on a day-to-day basis.

"Do I have doubts, do I ask myself questions and rethink things? On a professional level, every day. If not, we are lost. But I am fortunate — and I hope to be so for the rest of my life— to have a person at my side whom I can consult. We are a couple, family and partners. I am talking about Lourdes. She is a very important travelling companion for me. In the face of those doubts, in the face of 'thorns', she gives me answers rather than comforting me.
The decision to work together was a very thoughtful one. I had seen my parents work together and they had an excellent relationship, but I had also seen many problems and many failures.
She brings balance. I'm a quick-fire guy and she's thoughtful and looks for alternatives. On a day-to-day basis, she is kind and very generous: she wants everyone to be happy. She is also resolute —she puts out a lot of fires— and discreet. You don't see her, but she is always there".

restaurant José Carlos García today. enjoying to make people enjoy

José Carlos García and Lourdes Luque have built their restaurant as a way of life. With a local product that is used out of common sense; the objective, the mission and even the obsession is to procure an enjoyment for which one's own enjoyment is indispensable. Throughout, Andalusia and Malaga, as a territory and as a city, are a natural backdrop.

"Lourdes and I have built this restaurant as our way of life. It has always been like that. The idea came up around 2008. We wanted to grow; and we wanted to do it with the city: there was talk of a project that would stop Malaga turning its back on the world... We could not be left behind if our city was to move forward.
We made the leap from where I had grown professionally: the Café de París. It was already in the city, and in the Malagueta neighbourhood. My parents moved it there from El Rincón de la Victoria; when they bought an abandoned cellar across the street from the churro shop, they built up a successful business and customers began to demand its presence in the capital.
Lourdes and I, with the support of architect Juan Carlos Rodríguez, took a risk, taking a rather vertiginous step. We suffered... It was an ambitious project with a lot of money; and we didn't have, nor did we want, any kind of support. We spent three years dreaming, fighting, looking for funding... until we got it. Restaurante José Carlos García opened its doors in 2012. With the kitchen at the centre, as a statement of intent... and to overcome my shyness.
I have to adapt, and this is a great way to give them the absolute love they deserve.
In 2022, we celebrated our 10th anniversary in style. We wanted to thank all the people who have put their trust in us; the customers who have supported us so much.
We set many initiatives in motion. Among them, I was able to cook with my masters: Martín Berasategui and Joan Roca. To have seen them in our house, working hand in hand, is priceless.
Here we continue... The main idea is that whoever comes, comes for many reasons, but that, among all of them, are the people who work here. We want them to perceive very clearly that our mission, our objective and even our obsession is that they enjoy what we enjoy: cooking and serving.

José Carlos García. Málaga.

Over the years, I have learned that a little good is better than a lot bad. For example, in the case of the product. I don't have excellent sea cucumbers, but I do have excellent fine shells. And I'm not a fanatic of proximity... It is simply a matter of using common sense and making the most of nearby resources while making the most of them. They give me guarantees; through them, I try to be honest, with myself and with what I have around me.
We don't consider ourselves avant-garde either, but current and contemporary. I love the avant-garde, but it is not our main claim. Of course, we try to give it a bit of sparkle, even though I am a very close and transparent person, although I am very shy.
Here is something important: if we don't do it, it is impossible for the diner to feel it. In the case of the product, if we don't enjoy working with that artichoke, with that ajoblanco; if I don't fall in love with what I have around me, it can't be.
The same goes for the team. I need to be comfortable and happy to be able to do my job, and for that happiness to reach the diner. The only way to do that is for the team to be as happy as you are. I didn't have that vision when I was 25 years old, with a star and thinking I was the king of the mambo... Now, I seek to apply that serenity that I learned —and that I myself experienced from Joan Roca.

There is a wider philosophy; I always say it... When I go to a restaurant with friends, to any restaurant, you can tell when there is a chef's hand; when the guy has put his heart and hands into it. There is no need to make fireworks. That is essential, and the diner senses it. And we need them to have at least one 'wow' during their time with us; we need them to take away at least one memory. With one, we are content. That's where we really reflect what we feel. Now, when there are several, it's fulfilment...
As it is when we see them again. In fact, for me it's the only feedback there is. Whatever you put on the networks is great for us; it's fantastic. But to have someone who has been reserving you for 30 years... that's the best thing you can have. At least, the most credible thing for me. I'm a very incredulous guy.
Of course, you can't win over everyone; it's impossible. Not in the kitchen, not in life. I've always known that. It's not frustration, it's realism. And I'm a very realistic guy...
This has to be taken on board and, if it is not done, there is a serious problem.
I learned that lesson from my parents. They would tell me to look at the dishes in the trash, when they came to the office, when the waiter comes in after cleaning up. Then, everyone will say that everything is very good, that we are the best. Congratulations are justified, they may have a certain truth, when the plate is empty. It could be that they are very hungry; I don't think this is the case in a restaurant like ours. Therefore, in view of the majority of empty plates, I understand that the dish has been liked. It is a great satisfaction that gives you self-confidence.

What you can do is try to please everyone. And this is transmitted through this affection, through these chef's hands; and from the good sense.
Andalusia is in everything naturally. Not only because of this product that is so close to me, but also because they are my customs and my culture. It's in me. I feel incredibly proud of our pantry and our roots... from unique wines such as those from the Marco de Jerez to the vegetables and fruit from the Guadalhorce valley (here in Malaga), and so many other things.

And, within Andalusia, we find Malaga... and we are Malaga. For example, with the allusion we make to the boqueron with the pipirrana or the fine shell. Thus, it could be said that 40 % of us is the sea of our land. Another 40 % is the orchard and the sun. And the other 20 % are the local people, our way of being. We are great hosts: we want people to have a good time in our territory.
Our environment is also urban... For many years, I have wanted to be involved in my city. For example, at the reception for the inauguration of the Picasso Museum, in 2003, with guests from all over the world. It was special for me because it was an important turning point for the city culturally. Or, in the region, by collaborating with training centres of undoubted relevance, such as CIO Mijas. I feel very much integrated, mimicked, in this city; in those steps it has taken to Andalusians and people from Malaga, I think we are —even if it sounds a bit pretentious— unique, just like other regions of Spain. To be able to show off, disclose and maintain all of this seems to me to be a common-sense obligation.
That doesn't contradict the fact that I love discovering other cuisines and, from time to time, bringing something back".

José Carlos García's roots are deeply rooted in the land of Andalusia. They are rooted in the substratum of Malaga. That of origin, that of the trade he learned with his parents, that of the work at Martín Berasategui's and Joan Roca's house. That of perseverance, resilience and self-improvement. That of hospitality and that of business. Respect for tradition and classicism. That of loving Malaga and loving Malaga well. That of complicity with Lourdes. That of procuring happiness.

José Carlos García's are andalusian roots that make up a crucible of roots.

A

B

H

J

L

M

N

Ñ

O

P

Q

R

S

T

V

Y

A

B

C

José Carlos
García.
Málaga.

Tabernas.
Coctelería.
Málaga.

Taverns.
Cocktail bars.
Malaga.

concha fina margarita
fine shell margarita

fine shell margarita

MARGARITA GELATINE

100 g Cointreau, 100 g tequila, 200 g lemon juice, 75 g water, 5 gelatine leaves.
Heat the water and dissolve the previously hydrated gelatine. Remove from the heat and mix with the rest of the ingredients. Leave to set in the walk-in fridge. Break up the resulting gelatine and keep in the walk-in fridge until the moment of the pass.

ASSEMBLY

3 fine shells, salt (as needed), freshly ground black pepper (as needed).
Open the three shells and remove the bag* with a paring knife. Season with salt and pepper and place a little broken Margarita gelatine on each shell.
**Bag located in the centre of the shell with sand and dirt.*

concha fina margarita

GELATINA DE MARGARITA

<u>100 g de Cointreau, 100 g de tequila, 200 g de zumo de limón, 75 g de agua, 5 hojas de gelatina.</u>
Calentar el agua y disolver la gelatina, previamente hidratada. Retirar del fuego y mezclar con el resto de ingredientes. Dejar gelificar en cámara. Romper la gelatina resultante y reservar en cámara hasta el momento del pase.

ACABADO

<u>3 conchas finas, c.s. de sal, c.s. de pimienta negra recién molida.</u>
Abrir las tres conchas y retirar su bolsa* con una puntilla. Salpimentar y disponer un poco de gelatina de Margarita rota sobre cada una.
**Ubicada en el centro de la concha con arena y suciedad.*

Bivalvo.
Historia.
Coctelería.

Bivalve.
History.
Cocktails.

bolo bloody mary

warty venus clam bloody mary

warty venus clam bloody mary

BLOODY MARY

600 g tomato juice, 200 g vodka, 10 g Lea & Perrins sauce, 1 g Tabasco sauce, 70 g lemon juice, 15 g crushed celery.
Mix all the ingredients and strain. Store in the walk-in fridge until the moment of the pass.

ASSEMBLY

6 warty venus clam, lemon zest (as needed).
Open the warty venus clams, leaving the flesh in its own shell. Garnish with Bloody Mary and lemon zest.

bolo bloody mary

BLOODY MARY

600 g de zumo de tomate, 200 g de vodka, 10 g de salsa Lea & Perrins, 1 g de salsa Tabasco, 70 g de zumo de limón, 15 g de apio machacado.
Mezclar todos los ingredientes y colar. Reservar en cámara hasta el momento del pase.

ACABADO

6 bolos, c.s. de ralladura de limón.
Abrir los bolos dejando la carne sobre su propia concha. Aderezar con Bloody Mary y ralladura de limón.

Familia.
Padres.
Opulencia.

Family.
Parents.
Opulence.

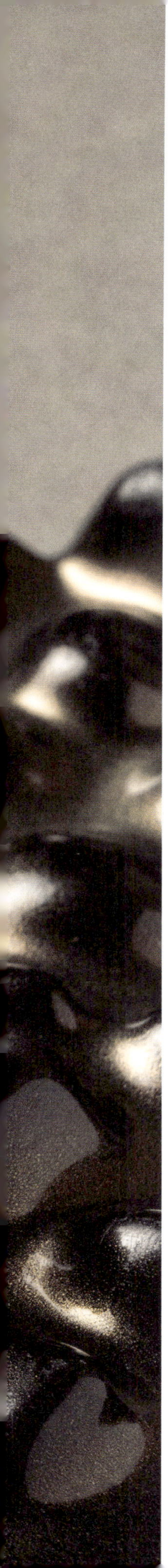

caviar-limón

caviar-lemon

caviar-lemon

LEMON CANUTILLO*

**Dough shaped into rolled cones and normally fried.*
200 g lemon juice, 200 g wheat flour, 200 g softened butter, 200 g brown sugar.
Mix the flour with the butter and sugar using a spatula. Add the lemon juice, previously sieved, and whisk in the KitchenAid with the whisk attachment. Work into a homogeneous dough. Leave to rest in the walk-in fridge for 12 hours. After this time, roll out to a thickness of 3 mm and form the *canutillos* by rolling the dough into round steel tubes. Bake at 180 °C without ventilation for 7 minutes. Then, remove the tubes and reserve until the moment of the pass.

WHIPPED CREAM

Cream (as needed), salt (as needed).
Semi-whip the cream and add a pinch of salt. Just at the moment of the pass, finish whipping and pour into a piping bag.

ASSEMBLY

1 nasturtium leaf, caviar (as needed).
Fill a lemon *canutillo* with freshly whipped cream and place on a plate. Place a quenelle of caviar on top and crown with the nasturtium leaf.

caviar-limón

CANUTILLO DE LIMÓN

200 g de zumo de limón, 200 g de harina de trigo, 200 g de mantequilla atemperada, 200 g de azúcar moreno.
Mezclar la harina con la mantequilla y el azúcar con ayuda de una lengua. Incorporar el zumo de limón, previamente colado, e introducir en la KitchenAid con las varillas. Trabajar hasta obtener una masa homogénea. Dejar reposar en cámara durante 12 horas. Transcurrido este tiempo, extender a 3 mm de grosor y formar canutillos enrulando la masa en tubos redondos de acero. Hornear a 180 ºC sin ventilación durante 7 minutos. A continuación, retirar los tubos y reservar hasta el momento del pase.

NATA MONTADA

c.s. de nata, c.s. de sal.
Semimontar la nata incorporándole una pizca de sal. Justo en el momento del pase, terminar de montar e introducir en una manga.

ACABADO

1 hoja de capuchina, c.s. de caviar.
Rellenar un canutillo de limón con nata recién montada y disponer sobre un plato. Situar una quenelle de caviar encima y coronar con la hoja de capuchina.

Producto.
Manteca.
Homenaje a
Las Locas.

*Product.
Butter.
Tribute to
Las Locas.*

espiral de zurrapa
zurrapa spiral

zurrapa spiral

SPIRALS OF WHITE ZURRAPA*

**Zurrapa is a kind of cold meat of pork back with pork lard and salt. Very common in Malaga.*

400 g white *zurrapa***, 300 g cream, 4 gelatine leaves, 160 g diced butter.

***Excess and sediment (lard) from the process of making pork loin* zurrapa.

Put the cream together with the *zurrapa*/lard in the Thermomix. Melt the latter at 100 °C. Add the gelatine, previously hydrated, and continue homogenising without heating. While continuing to work the mixture, emulsify by incorporating the butter until a thick liquid consistency is obtained***. With the help of a piston funnel, pour into 6.5 cm diameter spiral-shaped moulds. Once stuffed, freeze. Remove from the mould and set aside in the freezer. Just at the moment of the pass, temper the resulting spirals of white *zurrapa*.

**** Taking great care not to curdle the mixture.*

SABLÉ DISCS

360 g wheat flour, 50 g almond flour, 70 g icing sugar, 10 g salt, 180 g diced butter, 1 egg.

Put both flours, icing sugar and salt in a bowl. Add the butter cubes, previously softened, and mix until you have a 'wet sand'. Transfer to the KitchenAid and add the egg. Knead with the dough hook for 2 minutes. Then, roll out to a thickness of 0.5 cm on a tray and leave to cool at room temperature. Cut out with a 6.5 cm diameter pastry cutter and place weight on top. Bake at 160 °C for 13 minutes. Set the resulting sablé discs aside until the moment of the pass.

VINEGAR GEL

60 g Sherry vinegar, 200 g water, 60 g 1 to 1 syrup, 2.25 g corn starch, 5 g salt, 2.5 g agar agar, 1.75 g gellan.

Place all the ingredients in the Thermomix and blend until it reaches 100 °C. Spread on a tray and leave to set in the walk-in fridge. Triturate until a smooth, fine gel is obtained and sieve. Set aside in a piping bag until the moment of the pass.

ASSEMBLY

8 flakes of black salt, 10 leaves of oregano shoots, spicy La Vera paprika (as needed).

Place a spiral of white *zurrapa* on a disc of sablé. Dose five dots of vinegar gel on top and intersperse with four flakes of black salt. Sprinkle with paprika and top each of the vinegar gel dots with a leaf of oregano shoot. Repeat the whole process for a second snack.

espiral de zurrapa

ESPIRAL DE ZURRAPA BLANCA

400 g de zurrapa blanca*, 300 g de nata, 4 hojas de gelatina, 160 g de mantequilla en dados.

**Exceso y sedimento (manteca de cerdo) del proceso de elaboración de la zurrapa de lomo.*

Introducir la nata junto con la zurrapa (manteca) en la Thermomix. Fundir esta última a 100 °C. Agregar la gelatina, previamente hidratada, y seguir homogeneizando sin temperatura. Sin dejar de trabajar la mezcla, emulsionar incorporando la mantequilla hasta obtener una consistencia líquida y espesa*. Con ayuda de un chino pistón, dosificar en moldes de 6,5 cm de diámetro con forma de espiral. Una vez rellenos, congelar. Desmoldar y reservar en el congelador. Justo en el momento del pase, atemperar las espirales de zurrapa blanca resultantes.

**Con sumo cuidado de no cortar la mezcla.*

DISCO DE SABLÉ

360 g de harina de trigo, 50 g de harina de almendra, 70 g de azúcar glas, 10 g de sal, 180 g de mantequilla en dados, 1 huevo.

Introducir ambas harinas, el azúcar glas y la sal en un bol. Agregar los dados de mantequilla, previamente atemperados, y mezclar hasta obtener una 'arena húmeda'. Llevar a la KitchenAid y añadir el huevo. Amasar con el gancho durante 2 minutos. A continuación, extender a 0,5 cm de grosor en una bandeja y dejar enfriar a temperatura ambiente. Troquelar con un cortapastas de 6,5 cm de diámetro y situar peso encima. Hornear a 160 °C durante 13 minutos. Reservar los discos resultantes de sablé hasta el momento del pase.

GEL DE VINAGRE

60 g de vinagre de Jerez, 200 g de agua, 60 g de almíbar TPT, 2,25 g de almidón de maíz, 5 g de sal, 2,5 g de agar agar, 1,75 g de gellan.

Introducir todos los ingredientes en la Thermomix y triturar hasta alcanzar 100 °C. Extender en una bandeja y dejar gelificar en cámara. Triturar hasta obtener un gel liso y fino, y tamizar. Reservar en una manga hasta el momento del pase.

ACABADO

8 escamas de sal negra, 10 brotes de orégano, c.s. de pimentón de La Vera picante.

Situar una espiral de zurrapa blanca sobre un disco de sablé. Dosificar cinco puntos de gel de vinagre encima e intercalar cuatro escamas de sal negra. Espolvorear pimentón y coronar cada uno de los puntos de gel de vinagre con un brote de orégano. Repetir todo el proceso para obtener así un segundo bocado de aperitivo.

Trampantojo.
Clásico.
Maltodextrina.

Trompe l'oeil.
Classic.
Maltodextrin.

polvorón de pipas
sunflower seeds polvoron

*sunflower seeds polvoron**

**Typical Spanish Christmas dessert.*

60 g toasted salted sunflower seeds (shelled), 200 g sunflower oil, 120 g tapioca maltodextrin, 5 g salt.

Mix all the ingredients in a bowl. Pour some of the mixture into moulds* and press well. Incorporate and compact more mixture until the moulds are completely filled. Keep the resulting *polvorones* in an airtight container in the walk-in fridge until the moment of the pass.

**3 cm in diameter and 2 cm in height.*

ASSEMBLY

Unmould and serve three *polvorones* on a sunflower seed husks base as decoration.

polvorón de pipas

60 g de pipa de girasol tostada con sal (sin cáscara), 200 g de aceite de girasol, 120 g de maltodextrina de tapioca, 5 g de sal.
Mezclar todos los ingredientes en un bol. Introducir un poco de la mezcla en moldes* y prensar bien. Ir incorporando y compactando más mezcla hasta llenar los moldes por completo. Reservar los polvorones resultantes en un recipiente hermético en cámara hasta el momento del pase.
De 3 cm de diámetro y 2 cm de altura.

ACABADO

Desmoldar y servir tres polvorones sobre una base de pipas de girasol con cáscara a modo de decoración.

Juego.
Cárcama.
Embutidos.

Game.
Cárcama.
Sausages.

cerdito de chorizo
chorizo piglet

chorizo piglet

<u>200 g spicy chorizo, 220 g butter, 4 eggs, 12 g salt, 4 g sweet La Vera paprika, 200 g pasteurised egg white, 30 g sugar, 140 g wheat flour, 140 g almond flour.</u>
Cut the chorizo into slices and sear in its own fat in a frying pan. Add the butter and remove from the heat. Let it melt with the residual heat and transfer the mixture to the Thermomix. Add the eggs, salt and paprika, and blend until a homogeneous dough is obtained.
On the other side, beat the egg whites and sugar until stiff. With the help of a spatula, fold the mixture into the previous mixture in encircling movements. Add both flours and continue mixing. Pour into a piping bag and fill the moulds in the shape of a piglet's face. Keep in the walk-in fridge until the moment of the pass.

ASSEMBLY

Leave one of the filled moulds to temper for 30 minutes. After this time, bake at 180 °C for 13 minutes. Then, unmould and serve a chorizo piglet on a base of moss and acorns as decoration.

cerdito de chorizo

200 g de chorizo picante, 220 g de mantequilla, 4 huevos, 12 g de sal, 4 g de pimentón de La Vera dulce, 200 g de clara pasteurizada, 30 g de azúcar, 140 g de harina de trigo, 140 g de harina de almendra.

Cortar el chorizo en rodajas y marcar en una sartén con la propia grasa que irá desprendiendo. Agregar la mantequilla y retirar del fuego. Dejar que ésta se funda con el calor residual y pasar el conjunto a la Thermomix. Añadir los huevos, la sal y el pimentón, y triturar hasta obtener una masa homogénea.

Por otro lado, montar las claras y el azúcar a punto de nieve. Con ayuda de una espátula, incorporar la masa anterior con movimientos envolventes. Agregar ambas harinas y continuar mezclando. Introducir en una manga y rellenar moldes con forma de cara de cerdito. Reservar en cámara hasta el momento del pase.

ACABADO

Dejar atemperar uno de los moldes rellenos durante 30 minutos. Transcurrido este tiempo, hornear a 180 ºC durante 13 minutos. A continuación, desmoldar y servir un cerdito de chorizo sobre una base de musgo y bellotas a modo de decoración.

Diversión.
Arroz.
Azafrán.

Fun.
Rice.
Saffron.

galleta de paella

paella biscuit

paella biscuit

PAELLA BISCUIT

120 g short-grain or round rice, 2 l water, 10 g salt, 6 large saffron threads, 2 garlic cloves, 14 g sweet paprika from La Vera, sunflower oil (as needed).
Place all the ingredients except the sunflower oil in a saucepan. Bring to the boil. Once it comes to the boil, cook until the rice has absorbed the water. Quickly transfer to the Thermomix and blend while hot until a fine, homogenous dough is obtained. Allow to cool and spread 10 g of it on a silicone mat. Roll out to a diameter of 10 cm. Repeat the process with more dough and dehydrate for 24 hours. Just at the moment of the pass, fry the resulting paella biscuits in sunflower oil. Drain and set aside on a warm table until the moment of the pass.

SAFFRON MAYONNAISE

2 egg yolks, 60 g extra virgin olive oil, 60 g sunflower oil, juice of ½ lemon, 1 g saffron, salt (as needed).
Place the egg yolks, lemon juice, salt and saffron, previously toasted to enhance its flavour, in a high container. Triturate with a blender and, while continuing to blitz, emulsify by pouring the two oils in a trickle. Leave to rest for at least 1 hour in the walk-in fridge before using at the moment of the pass.

ASSEMBLY

10 strands of saffron.
Serve two fried paella biscuits on a piece of cork oak bark from the Serranía de Ronda. Pipe five dots of saffron mayonnaise on each biscuit and top with a saffron strand.

galleta de paella

GALLETA DE PAELLA

120 g de arroz de grano corto o redondo, 2 l de agua, 10 g de sal, 6 hebras grandes de azafrán, 2 dientes de ajo, 14 g de pimentón de La Vera dulce, c.s. de aceite de girasol.
Introducir todos los ingredientes, excepto el aceite de girasol, en un cazo. Llevar a ebullición. Una vez arranque el hervor, cocer hasta que el arroz haya absorbido el agua. Pasar rápidamente a la Thermomix y triturar en caliente hasta obtener una masa fina y homogénea. Dejar enfriar y dosificar 10 g de ésta sobre un tapete de silicona. Extender hasta obtener un diámetro de 10 cm. Repetir el proceso con más masa y deshidratar durante 24 horas. Justo en el momento del pase, freír las galletas de paella resultantes en aceite de girasol. Escurrir y reservar en una mesa caliente hasta el momento del pase.

MAHONESA DE AZAFRÁN

2 yemas, 60 g de aceite de oliva virgen extra, 60 g de aceite de girasol, zumo de ½ limón, 1 g de azafrán, c.s. de sal.
Introducir las yemas, el zumo de limón, la sal y el azafrán, previamente tostado para potenciar sus volátiles, en un recipiente alto. Triturar con la túrmix y, sin dejar de turbinar, emulsionar vertiendo ambos aceites a hilo. Dejar reposar durante un mínimo de 1 hora en cámara antes de emplear en el momento del pase.

ACABADO

10 hebras de azafrán.
Servir dos galletas de paella fritas sobre un trozo de corteza (corcho) de alcornoque de la Serranía de Ronda. Escudillar cinco puntos de mayonesa de azafrán sobre cada una y coronar éstos con una hebra de azafrán.

Mar.
Territorio.
Producto.

Sea.
Territory.
Product.

tartaleta de peregrina

scallop tartlet

scallop tartlet

FILO TARTLET

Filo pastry (as needed), melted butter (as needed).
Cut out the filo pastry sheets with a 12 cm diameter pastry cutter. Line a tartlet tin with a disc of filo pastry and brush with butter. Overlap another two discs, brushing more butter between each one. Press into a second mould of the same size and bake at 180 °C for 20 minutes. Then, leave to cool and unmould. Store in an airtight container until the moment of the pass.

SCALLOP TARTAR

Scallop (as needed), extra virgin olive oil (as needed), salt (as needed), freshly ground black pepper (as needed).
Slice the scallops into a tartar and season with oil, salt and pepper. Store in the walk-in fridge until the moment of the pass.

LEMON GEL

125 g lemon juice, 125 g 1 to 1 syrup, 5 g corn starch, 3.5 g agar agar, 3.5 g gellan.
Place all the ingredients in the Thermomix and blend until it reaches 100 °C. Spread in a Gastronorm and leave to set in the walk-in fridge. Triturate to a smooth, fine gel and strain through a chinois. Reserve in a piping bag until the moment of the pass.

BEETROOT GEL

250 g beetroot puree, 6.25 g kappa, 0.75 g elastic*.
**Mixture of locust bean gum and carrageenan.*
Place all the ingredients in the Thermomix and blend until it reaches 100 °C. Spread in a Gastronorm and leave to set in the walk-in fridge. Triturate to a smooth, fine gel and strain through a chinois. Reserve in a piping bag until the moment of the pass.

SLICES OF GREEN ASPARAGUS

Green asparagus stalk (as needed).
Peel the asparagus and cut into thin slices. Set aside until the moment of the pass.

ASSEMBLY

Orange zest (as needed), chopped chives (as needed), yarrow leaf (as needed).
Arrange 30 g of scallop tartar on the base of a filo tartlet and cover with dots of both gels (lemon and beetroot). Garnish with slices of green asparagus, orange zest, chopped chives and yarrow leaves.

tartaleta de peregrina

TARTALETA FILO

c.s. de pasta filo, c.s. de mantequilla fundida.
Troquelar las hojas de pasta filo con un cortapastas de 12 cm de diámetro. Forrar un molde para tartaleta con un disco de pasta filo y pintar con mantequilla. Superponer otros dos discos pincelando más mantequilla entre cada uno. Ejercer presión encajando un segundo molde del mismo tamaño y hornear a 180 ºC durante 20 minutos. A continuación, dejar enfriar y desmoldar. Reservar en un recipiente hermético hasta el momento del pase.

TARTAR DE VIEIRA

c.s. de peregrina (vieira), c.s. de aceite de oliva virgen extra, c.s. de sal, c.s. de pimienta negra recién molida.
Cortar las peregrinas a modo de tartar y aderezar con aceite, sal y pimienta. Reservar en cámara hasta el momento del pase.

GEL DE LIMÓN

125 g de zumo de limón, 125 g de almíbar TPT, 5 g de almidón de maíz, 3,5 g de agar agar, 3,5 g de gellan.
Introducir todos los ingredientes en la Thermomix y triturar hasta alcanzar 100 ºC. Extender en una Gastronorm y dejar gelificar en cámara. Triturar hasta obtener un gel liso y fino, y colar por un chino. Reservar en una manga hasta el momento del pase.

GEL DE REMOLACHA

250 g de puré de remolacha, 6,25 g de kappa, 0,75 g de elastic*.
**Mezcla de goma garrofín y carragenato.*
Introducir todos los ingredientes en la Thermomix y triturar hasta alcanzar 100 ºC. Extender en una Gastronorm y dejar gelificar en cámara. Triturar hasta obtener un gel liso y fino, y colar por un chino. Reservar en una manga hasta el momento del pase.

RODAJAS DE ESPÁRRAGO VERDE

c.s. de tallo de espárrago verde.
Pelar los espárragos y cortar en rodajas finas. Reservar hasta el momento del pase.

ACABADO

c.s. de ralladura de naranja, c.s. de cebollino picado, c.s. de hoja de milenrama.
Disponer 30 g de tartar de peregrina en la base de una tartaleta filo y cubrir con puntos de ambos geles (limón y remolacha). Coronar con rodajas de espárrago verde, ralladura de naranja, cebollino picado y hojas de milenrama.

Origen.
Rincón de
la Victoria.

*Origin.
Rincón de
la Victoria.*

roseta de tomate seco y sardina ahumada

sun-dried tomato and smoked sardine rosette

sun-dried tomato and smoked sardine rosette

FRIED ROSETTE

200 g flour, 300 g milk, zest of 1 orange, 1 egg, 20 g Trisol, salt (as needed), sunflower oil (as needed).
Place all the ingredients, except the sunflower oil, in a tall glass and triturate with a blender until a fine, homogeneous batter is obtained. Cover and leave to rest in the same glass in the walk-in fridge for 24 hours. After this time, leave the batter to temper. On the other hand, dip a rosette-shaped mould* in hot sunflower oil. Drain and dip into the tempered batter. Fry at 140 °C for 1 minute (until the batter rosette detaches from the mould). Fry for a further 2 minutes (one per side). Then, remove and dry on absorbent paper. Set aside in an airtight container until the moment of the pass.
**Cast iron with handle.*

SMOKED SARDINES

Fresh sardine (as needed), water (as needed), extra virgin olive oil (as needed).
Remove the scales from the sardines and de-bone. Fillet and immerse in cold water. Leave to bleed for 1 hour. Then, remove and dry on absorbent paper. Place in a perforated Gastronorm and film. Place on another deep tray with lit wood and leave to smoke for 1 hour. After this time, remove the sardines and place in an airtight container with oil. Just at the moment of the pass, drain and slice into 0.5 cm cubes.

TOMATO PUREE

100 g sun-dried tomatoes in oil, ½ garlic clove, 25 g extra virgin olive oil, 1 g dried oregano, 0.5 g ground cumin, 1 g sweet La Vera paprika, salt (as needed), freshly ground black pepper (as needed).
Place all the ingredients in the Thermomix. Blend at maximum speed, stirring with the spatula until you obtain a homogeneous paste. Reserve in piping bags until the moment of the pass.

SOUR CREAM

250 g natural Greek yoghurt, 2 g lemon juice, zest of ½ lemon, 3 g salt, 1 g freshly ground black pepper.
Mix all the ingredients together and pour into a piping bag. Keep in the walk-in fridge until the moment of the pass.

ASSEMBLY

4 Isomalt 'flakes'*, 1 marigold petal, basil powder (as needed).
**Melt the Isomalt and spread very thinly on a silicone mat. Leave to crystallise and cut up like salt flakes.*
Batter the top side of a fried rosette by placing it on top of basil powder. In an interleaved manner, pipe four dots of tomato puree and some more of sour cream along the circumference of the rosette. Crown each dot of sour cream with a cube of smoked sardine and those of tomato puree with a flake of Isomalt. Dose a larger dollop of sour cream in the centre of the rosette and decorate with a marigold petal.

roseta de tomate seco y sardina ahumada

ROSETA FRITA

200 g de harina, 300 g de leche, ralladura de 1 naranja, 1 huevo, 20 g de Trisol, c.s. de sal, c.s. de aceite de girasol.

Introducir todos los ingredientes, excepto el aceite de girasol, en un vaso alto y triturar con la túrmix hasta obtener una masa fina y homogénea. Tapar y dejar reposar en el mismo vaso en cámara durante 24 horas. Transcurrido este tiempo, dejar atemperar la masa.

Por otro lado, sumergir un molde* con forma de roseta en aceite de girasol caliente. Escurrir y sumergir en la masa atemperada. Freír a 140 °C durante 1 minuto (hasta que la roseta de masa se desprenda del molde). Acto seguido, freír durante 2 minutos más (uno por lado). A continuación, extraer y secar sobre papel absorbente. Reservar en un recipiente hermético hasta el momento del pase.

**De hierro fundido y con mango.*

SARDINA AHUMADA

c.s. de sardina fresca, c.s. de agua, c.s. de aceite de oliva virgen extra.

Desescamar y desespinar las sardinas. Filetear y sumergir en agua fría. Dejar desangrar durante 1 hora. A continuación, extraer y secar sobre papel absorbente. Disponer en una Gastronorm perforada y filmar. Situar sobre otra bandeja honda con madera prendida y dejar ahumar durante 1 hora. Transcurrido este tiempo, extraer la sardina y reservar en un recipiente hermético con aceite. Justo en el momento del pase, escurrir y porcionar en dados de 0,5 cm de lado.

PURÉ DE TOMATE

100 g de tomate seco al sol en aceite, ½ diente de ajo, 25 g de aceite de oliva virgen extra, 1 g de orégano seco, 0,5 g de comino molido, 1 g de pimentón de La Vera dulce, c.s. de sal, c.s. de pimienta negra recién molida.

Introducir todos los ingredientes en la Thermomix. Triturar a máxima velocidad removiendo con la espátula hasta obtener una pasta homogénea. Reservar en una manga hasta el momento del pase.

CREMA AGRIA

250 g de yogur griego natural, 2 g de zumo de limón, ralladura de ½ limón, 3 g de sal, 1 g de pimienta negra recién molida.

Mezclar todos los ingredientes e introducir en una manga. Reservar en cámara hasta el momento del pase.

ACABADO

4 'escamas' de Isomalt*, 1 pétalo de tagete, c.s. de albahaca en polvo.

**Fundir el Isomalt y extender muy finamente sobre un tapete de silicona. Dejar cristalizar y trocear a modo de sal en escamas.*

Rebozar la cara superior de una roseta frita situándola sobre albahaca en polvo. De manera intercalada, escudillar cuatro puntos de puré de tomate y otros tantos de crema agria a lo largo de la circunferencia de la roseta. Coronar cada punto de crema agria con un dado de sardina ahumada y los de puré de tomate con una 'escama' de Isomalt. Dosificar un punto más grande de crema agria en el centro de la roseta y disponer un pétalo de tagete encima.

Tradición.
Producto.
Fetiche.

Tradition.
Product.
Fetish.

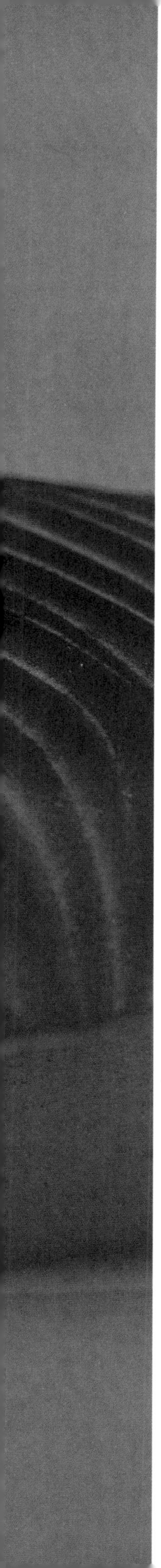

ensalada malagueña en tosta brick
malaga salad on a brick pastry toast

malaga salad on a brick pastry toast

COD IN SMOKED OIL

1 loin of semi-frozen cod, 500 g extra virgin olive oil.

Heat a piece of charcoal over a flame until it is glowing. 'Turn off' by immersing it in the oil, previously placed in a saucepan, and cover. Leave to infuse for 6 hours. Then, pass through a Superbag and pour the resulting smoked oil into an airtight container. Place the semi-frozen cod loin, previously cut into 1 cm cubes, and leave to rest for 48 hours. After this time, remove the pieces of fish and drain. Set aside until the moment of the pass.

BRICK PASTRY TOAST

3 sheets of brick pastry, melted butter (as needed).

Place one of the sheets of brick pastry on a flat work surface. Brush the top of the sheet with melted butter and place a second sheet on top. Brush again and finish by laying out the remaining sheet of brick pastry. Flatten with a rolling pin and cut into rectangles of 1.5 x 10 cm. Transfer to a tray and place another tray on top as a weight. Bake at 170 ºC for 30 minutes. Set the resulting toast aside until the moment of the pass.

BLACK OLIVE PEARLS

200 g canned pitted black olives, 80 g black olive brine, 3.2 g agar agar, sunflower oil (as needed).

Triturate the olives with their brine until a fine, homogeneous paste is obtained. Add the agar agar and bring to the boil. Once it comes to the boil, remove from the heat and quickly pour the mixture into a baby bottle. Dose drops while still warm in cold sunflower oil. Once cooled, remove the resulting pearls and keep them in more oil in the walk-in fridge until the moment of the pass.

ORANGE GEL

125 g orange juice, 125 g 1 to 1 syrup, 3.5 g gellan, 3.5 g agar agar, 5 g corn starch.

Mix all the ingredients in the Thermomix until 100 ºC is reached. Pour into a Gastronorm and leave to set in the walk-in fridge. Triturate to a smooth, fine gel and strain through a chinois. Reserve in a piping bag until the moment of the pass.

PICKLED RADISH

10 radishes, 40 g Sherry vinegar, 60 g red wine, 20 g sugar, 5 g salt, 200 g water.

Thinly slice the radishes and cut each of the resulting slices in half.

On the other hand, put all the ingredients, except the radishes, in a saucepan. Bring to the boil. Once it comes to the boil, remove from the heat and submerge the radishes. Cover and leave to pickle at room temperature for 2 minutes. Set aside until the moment of the pass.

PICKLED SHALLOT

5 shallots, 60 g red wine, 20 g sugar, 5 g salt, 40 g Sherry vinegar, 200 g water.

Peel and finely slice the shallots.

On the other hand, put all the ingredients, except the shallots, in a saucepan. Bring to the boil. Once it comes to the boil, remove from the heat and submerge the shallots. Cover and leave to pickle at room temperature for 2 minutes. Set aside until the moment of the pass.

ASSEMBLY

2 horseradish shoots, 2 fresh seasonal green shoots, parsley powder* (as needed).

**Dried and ground parsley with a grinder.*

Sprinkle one side of each cod cube in smoked oil with parsley powder.

On the other hand, place several dots of orange gel on a brick pastry toast and place the following ingredients on top: four cubes of cod with parsley powder, ten black olive pearls, two slices of pickled radish and two slices of shallot. Finish by topping with the shoots.

ensalada malagueña en tosta brick

BACALAO EN ACEITE AHUMADO

1 lomo de bacalao semicongelado, 500 g de aceite de oliva virgen extra.
Calentar un trozo de carbón vegetal al fuego hasta que resulte incandescente. 'Apagar' sumergiéndolo en el aceite, previamente dispuesto en un cazo, y tapar. Dejar infusionar durante 6 horas. A continuación, pasar por una Superbag y verter el aceite ahumado resultante en un recipiente hermético. Introducir el lomo de bacalao, previamente cortado en dados de 1 cm de lado, y dejar reposar durante 48 horas. Transcurrido este tiempo, extraer el bacalao y escurrir. Reservar hasta el momento del pase.

TOSTA BRICK

3 hojas de pasta brick, c.s. de mantequilla fundida.
Situar una de las hojas de pasta brick sobre una superficie plana de trabajo. Pintar la parte superior de la hoja con mantequilla fundida y superponer una segunda hoja. Pincelar de nuevo y terminar disponiendo la hoja de pasta brick restante. Aplanar con un rodillo y cortar en rectángulos de 1,5 x 10 cm. Pasar a una bandeja y disponer otra bandeja encima a modo de peso. Hornear a 170 ºC durante 30 minutos. Reservar las tostas resultantes hasta el momento del pase.

PERLAS DE ACEITUNA NEGRA

200 g de aceituna negra deshuesada en conserva, 80 g de salmuera de aceituna negra, 3,2 g de agar agar, c.s. de aceite de girasol.
Triturar la aceituna con su salmuera hasta obtener una pasta fina y homogénea. Incorporar el agar agar y llevar a ebullición. Una vez arranque el hervor, retirar del fuego e introducir la mezcla rápidamente en un biberón. Dosificar gotas aún calientes sobre aceite de girasol frío. Una vez frías, extraer las perlas resultantes y reservar en más aceite en cámara hasta el momento del pase.

GEL DE NARANJA

125 g de zumo de naranja, 125 g de almíbar TPT, 3,5 g de gellan, 3,5 g de agar agar, 5 g de almidón de maíz.
Mezclar todos los ingredientes en la Thermomix hasta alcanzar 100 ºC. Verter en una Gastronorm y dejar gelificar en cámara. Triturar hasta obtener un gel liso y fino, y colar por un chino. Reservar en una manga hasta el momento del pase.

RABANITO ENCURTIDO

10 rabanitos, 40 g de vinagre de Jerez, 60 g de vino tinto, 20 g de azúcar, 5 g de sal, 200 g de agua.
Laminar los rabanitos finamente y cortar cada una de las láminas resultantes por la mitad.
Por otro lado, introducir los ingredientes restantes en un cazo. Llevar a ebullición. Una vez arranque el hervor, retirar del fuego y sumergir los rabanitos. Tapar y dejar encurtir a temperatura ambiente durante 2 minutos. Reservar hasta el momento del pase.

CHALOTA ENCURTIDA

5 chalotas, 60 g de vino tinto, 20 g de azúcar, 5 g de sal, 40 g de vinagre de Jerez, 200 g de agua.
Pelar y laminar las chalotas finamente.
Por otro lado, introducir los ingredientes restantes en un cazo. Llevar a ebullición. Una vez arranque el hervor, retirar del fuego y sumergir las chalotas. Tapar y dejar encurtir a temperatura ambiente durante 2 minutos. Reservar hasta el momento del pase.

ACABADO

2 brotes de rábano picante, 2 brotes verdes frescos de temporada, c.s. de perejil en polvo*.
**Perejil seco y molido con ayuda de un molinillo.*
Espolvorear uno de los lados de cada dado de bacalao en aceite ahumado con perejil en polvo.
Por otro lado, dosificar varios puntos de gel de naranja sobre una tosta brick y situar los siguientes ingredientes encima: cuatro dados de bacalao con perejil en polvo, diez perlas de aceituna negra, dos láminas de rabanito encurtido y otras tantas de chalota. Terminar coronando el conjunto con los brotes.

Viajes.
Textura.
Territorio.

Travels.
Texture.
Territory.

parfait, px y amaranto

parfait, px and amaranth

parfait, px and amaranth

1) Chicken parfait

800 g 'Label Rouge' chicken livers, 50 g Jägermeister, 6 g salt, 25 g pickled green pepper, 700 g butter, 350 g cream, water (as needed).

Place the livers in a saucepan and cover with water. Bring to the boil. Once it comes to the boil, cook for 8 minutes. After this time, remove and drain quickly. Transfer while still hot to the Thermomix and add the rest of the ingredients. Blend at maximum speed for 4 minutes. Then, pour 30 g of the resulting parfait into a glass and leave to cool. Set aside in the walk-in fridge for the PX veil.

Note: *Clean the chicken livers thoroughly to remove any adhering remains and excess fat.*

2) PX veil

500 g Pedro Ximénez wine, 4 gelatine leaves, glasses with cold parfait (as needed).

Bring the wine to the boil. Once it comes to the boil, allow to reduce until the alcohol evaporates. Dissolve the previously hydrated gelatine and leave to temper. Pour 1 cm thick into the parfait glasses and set aside in the walk-in fridge for the fried amaranth.

3) Fried amaranth

Amaranth seed (as needed), sunflower oil (as needed), salt (as needed), glasses with parfait and cold PX veil (as needed).

Heat the sunflower oil to 150 °C. Fry the amaranth seeds until they are puffed (instantly). Remove and drain thoroughly. Season to taste with salt and arrange in each of the glasses until the PX veil is covered. Serve immediately.

parfait, px y amaranto

1) Parfait de pollo
800 g de higadito de pollo 'Label Rouge', 50 g de Jägermeister, 6 g de sal, 25 g de pimienta verde encurtida, 700 g de mantequilla, 350 g de nata, c.s. de agua.
Introducir los higaditos en una olla y cubrir con agua. Llevar a ebullición. Una vez arranque el hervor, cocer durante 8 minutos. Transcurrido este tiempo, extraer y escurrir rápidamente. Pasar aún calientes a la Thermomix y agregar el resto de ingredientes. Triturar a máxima velocidad durante 4 minutos. A continuación, verter 30 g del parfait resultante en una copa y dejar enfriar. Reservar en cámara para el velo de PX.
Nota: *Limpiar los higaditos de pollo concienzudamente desproveyéndolos de posibles restos adheridos y de exceso de grasa.*

2) Velo de PX
500 g de vino Pedro Ximénez, 4 hojas de gelatina, c.s. de copas con parfait frío.
Llevar el vino a ebullición. Una vez arranque el hervor, dejar reducir hasta que se evapore el alcohol. Disolver la gelatina, previamente hidratada, y dejar atemperar. Verter a 1 cm de grosor en las copas con parfait y reservar en cámara para el amaranto frito.

3) Amaranto frito
c.s. de semilla de amaranto, c.s. de aceite de girasol, c.s. de sal, c.s. de copas con parfait y velo de PX fríos.
Calentar el aceite de girasol a 150 ºC. Freír las semillas de amaranto hasta suflar (instantáneo). Extraer y escurrir concienzudamente. Poner a punto de sal y disponer en cada una de las copas hasta cubrir el velo de PX. Servir de inmediato.

Producto.
Ronda.
Grazalema.

Product.
Ronda.
Grazalema.

sablé de parmesano con crema de payoyo

parmesan sablé with payoyo cheese cream

parmesan sablé with payoyo cheese cream

PARMESAN CHEESE SABLÉ

110 g Parmesan cheese, 115 g loose plain flour, 3 g salt, 1 g freshly ground black pepper, 50 g softened butter, 1 egg yolk, finely chopped dried chilli (as needed).

Mix the flour with the salt, pepper and chilli. Stir in the previously grated Parmesan. Add the butter and egg yolk, and work the mixture into a homogeneous dough. Roll out to 1 cm thickness on a silicone mat and leave to cool. Cut into 10 x 1.5 cm rectangles and place weight on top. Bake at 160 ºC for 20 minutes. Set aside until the moment of the pass.

PAYOYO CHEESE CREAM

500 g Payoyo cheese, 375 g cream.

Pour the cream into the Thermomix and heat to 80 ºC. Add the cold, chopped cheese and triturate (without heat) on speed 4 for 3 minutes. Then, leave the resulting cream to cool. Pour into a piping bag with a teardrop-shaped nozzle and set aside in the walk-in fridge. Just 20 minutes before the pass, temper the cream.

ASSEMBLY

12 roasted peeled peanut halves, 4 carrot shoots.

Pipe tempered Payoyo cheese cream on a Parmesan cheese sablé. Place three peanut halves on top and crown with a carrot shoot. Repeat the process three more times to obtain and serve four snacks.

sablé de parmesano con crema de payoyo

SABLÉ DE QUESO PARMESANO

110 g de queso Parmesano, 115 g de harina floja, 3 g de sal, 1 g de pimienta negra recién molida, 50 g de mantequilla pomada, 1 yema, c.s. de guindilla seca cortada finamente.

Mezclar la harina con la sal, la pimienta y la guindilla. Incorporar el parmesano, previamente rallado. Añadir la mantequilla y la yema, y trabajar el conjunto hasta obtener una masa homogénea. Extender a 1 cm de grosor sobre un tapete de silicona y dejar enfriar. Cortar en rectángulos de 10 x 1,5 cm y situar peso encima. Hornear a 160 ºC durante 20 minutos. Reservar hasta el momento del pase.

CREMA DE QUESO PAYOYO

500 g de queso Payoyo, 375 g de nata.

Verter la nata en la Thermomix y calentar a 80 ºC. Agregar el queso frío y troceado, y triturar (sin temperatura) a velocidad 4 durante 3 minutos. A continuación, dejar enfriar la crema resultante. Introducir en una manga con boquilla con forma de lágrima y reservar en cámara. Justo 20 minutos antes del pase, atemperar la crema.

ACABADO

12 mitades de cacahuete pelado tostado, 4 brotes de zanahoria.

Escudillar crema de queso Payoyo atemperada sobre una sablé de queso Parmesano. Situar tres mitades de cacahuete encima y coronar con un brote de zanahoria. Repetir el proceso tres veces más para obtener y servir cuatro bocados de aperitivo.

José Carlos
García.
Málaga.

Ronda.
Producto
humilde.

*Ronda.
Humble
product.*

patata prensada con tartar de butifarra de ronda

pressed potato with ronda butifarra sausage tartar

pressed potato with ronda butifarra sausage tartar

PRESSED POTATO

2 kg Agria potato, 135 g extra virgin olive oil, 18 g salt, 3 g freshly ground black pepper, water (as needed).
Peel the potatoes and wash in cold water. Slice thinly with a mandolin and season each slice with oil, salt and pepper. Cover the base of a rectangular mould and place layers of potato slices on top of each other to form a 'cake' or millefeuille. Bake at 150 ºC for 90 minutes. After this time, remove from the oven and leave to cool, placing a weight on top. Remove from the mould and portion into 2 x 5 cm ingots. Set aside until the moment of the pass.

CITRUS MAYONNAISE

100 g pasteurised egg, 20 g orange juice, 30 g lemon juice, zest of 1 orange, 2 g salt, 250 g sunflower oil.
Blend all the ingredients except the sunflower oil in a blender. While continuing to blitz, emulsify by pouring in the oil in a trickle. Reserve 30 g of the resulting citrus mayonnaise for the *butifarra* sausage tartar. Reserve the remaining mayonnaise in a piping bag until the moment of the pass.

BUTIFARRA SAUSAGE TARTAR

150 g Ronda *butifarra* sausage, 30 g citrus mayonnaise, 2 g freshly chopped chives.
Finely chop the sausage and dress with the rest of the ingredients. Keep in the walk-in fridge until the moment of the pass.

ASSEMBLY

3 yellow marigold petals, sunflower oil (as needed).
Heat sunflower oil to 150 °C. Fry three ingots of pressed potato until golden brown. Remove and dry on absorbent paper. Arrange on a long plate and place a quenelle of *butifarra* sausage tartar on top of each potato. Pipe a dot of citrus mayonnaise on top and crown with a marigold petal.

patata prensada con tartar de butifarra de ronda

PATATA PRENSADA

2 kg de patata Agria, 135 g de aceite de oliva virgen extra, 18 g de sal, 3 g de pimienta negra recién molida, c.s. de agua.

Pelar las patatas y lavar con agua fría. Laminar finamente con una mandolina y aderezar cada una de las láminas con aceite, sal y pimienta. Cubrir la base de un molde rectangular e ir superponiendo capas de láminas de patata hasta formar un 'pastel' o milhojas. Hornear a 150 ºC durante 90 minutos. Transcurrido este tiempo, retirar del horno y dejar enfriar situando un peso encima. Desmoldar y porcionar en lingotes de 2 x 5 cm. Reservar hasta el momento del pase.

MAHONESA CÍTRICA

100 g de huevo pasteurizado, 20 g de zumo de naranja, 30 g de zumo de limón, ralladura de 1 naranja, 2 g de sal, 250 g de aceite de girasol.

Triturar todos los ingredientes, excepto el aceite de girasol, con la túrmix. Sin dejar de turbinar, emulsionar vertiendo el aceite a hilo. Reservar 30 g de la mayonesa cítrica resultante para el tartar de butifarra. Reservar la mayonesa restante en una manga hasta el momento del pase.

TARTAR DE BUTIFARRA

150 g de butifarra de Ronda, 30 g de mayonesa cítrica, 2 g de cebollino recién picado.

Picar la butifarra muy finamente y aliñar con el resto de ingredientes. Reservar en cámara hasta el momento del pase.

ACABADO

3 pétalos de tagete amarillo, c.s. de aceite de girasol.

Calentar aceite de girasol a 150 ºC. Freír tres lingotes de patata prensada hasta que resulten dorados. Extraer y secar sobre papel absorbente. Servir en un plato alargado y situar una quenelle de tartar de butifarra sobre cada patata. Escudillar un punto de mayonesa cítrica encima y coronar con un pétalo de tagete.

Mar.
Montaña.
Textura.

Sea.
Mountain.
Texture.

ostra con gelatina de jamón
oyster with ham gelatine

oyster with ham gelatine

HAM GELATINE

3 ham bones, 4 carrots, 2 leeks, 2 onions, 6 cloves, 6 gelatine leaves, water (as needed).

Place the ham bones in a pot and cover with water. Bring to the boil to 'wash' them. Once they come to the boil, remove from the heat and discard the water. Cover with clean water and add the chopped vegetables. Add the cloves and bring to the boil. Once it comes to the boil, simmer at minimum heat for 8 hours. After this time, strain through a chinois up to two times. Leave the resulting broth to cool. Once cold, skim and reduce by half. Dissolve the previously hydrated gelatine and strain again. Leave to set in the walk-in fridge. Break up the resulting gelatine and keep in the walk-in fridge until the moment of the pass.

ASSEMBLY

1 oyster, 4 coriander shoots, cooked tapioca pearls (as needed).

Open the oyster, leaving the meat on its own shell. Arrange cooked tapioca pearls and broken ham gelatine on top. Finish by topping with coriander shoots.

ostra con gelatina de jamón

GELATINA DE JAMÓN

3 huesos de jamón, 4 zanahorias, 2 puerros, 2 cebollas, 6 clavos de olor, 6 hojas de gelatina, c.s. de agua.

Introducir los huesos de jamón en una olla y cubrir con agua. 'Lavar' llevándolos a ebullición. Una vez arranque el hervor, retirar del fuego y desechar el agua. Cubrir con agua limpia y agregar las verduras, previamente troceadas. Añadir los clavos de olor y hervir de nuevo. Cocer a fuego mínimo durante 8 horas. Transcurrido este tiempo, colar por un chino hasta dos veces. Dejar enfriar el caldo resultante. Una vez frío, desgrasar y reducir a la mitad. Disolver la gelatina, previamente hidratada, y colar nuevamente. Dejar gelificar en cámara. Romper la gelatina resultante y reservar en cámara hasta el momento del pase.

ACABADO

1 ostra, 4 brotes de cilantro, c.s. de perlas de tapioca cocidas.

Abrir la ostra dejando la carne sobre su propia concha. Disponer perlas de tapioca cocidas y gelatina de jamón rota encima. Terminar coronando con los brotes de cilantro.

Tradición.
Recuerdo.
Infancia.

Tradition.
Memory.
Childhood.

almendra frita

fried almond

fried almond

SALTED FRIED ALMOND PRALINE

Peeled raw almonds (as needed), extra virgin olive oil (as needed), salt (as needed), water (as needed).
Place the almonds in a saucepan and cover with oil. Fry from cold at 180 ºC. Remove the almonds and drain. Season with salt. Reserve half of the almonds until the moment of the pass and place the rest in the Thermomix. Triturate by adding a little water until a creamy texture is obtained. Set aside the resulting praline to make a sponge cake afterwards and until the moment of the pass (in a piping bag).

ALMOND SIPHON SPONGE CAKE

240 g salted fried almond praline, 7 eggs, 24 g sugar, 40 g loose plain flour, 3 g baking powder.
Mix all the ingredients in the Thermomix. Place in a siphon with two charges and set aside in the walk-in fridge. Just 30 minutes before the moment of the pass, remove the siphon from the walk-in fridge and leave to temper. Pipe into plastic cups* until ⅓ full. Cook in the microwave at maximum power for 30 seconds. Next, leave to rest upside down and unmould. Cut the resulting sponge cakes into irregular pieces.
**With the base pierced.*

ASSEMBLY

3 flakes of black salt.
Pipe salted fried almond praline into a cone*. Place a piece of almond sponge cake and pour a little more praline on top. Top the latter with a flake of black salt and repeat the assembly twice more. Hold the three resulting cones in a bowl with fried salted almonds.
**Roll a sheet of wonton pastry in a non-stick cone and fry at 180 ºC in extra virgin olive oil.*

almendra frita

PRALINÉ DE ALMENDRA FRITA SALADA

c.s. de almendra cruda pelada, c.s. de aceite de oliva virgen extra, c.s. de sal, c.s. de agua.

Introducir las almendras en un cazo y cubrir con aceite. Freír desde frío a 180 ºC. Extraer las almendras y escurrir. Sazonar con sal. Reservar la mitad hasta el momento del pase e introducir el resto en la Thermomix. Triturar añadiendo un poco de agua hasta obtener una textura cremosa. Reservar el praliné resultante para elaborar un bizcocho a continuación y hasta el momento del pase (en manga).

BIZCOCHO SIFÓN DE ALMENDRA

240 g de praliné de almendra frita salada, 7 huevos, 24 g de azúcar, 40 g de harina floja, 3 g de levadura química.

Mezclar todos los ingredientes en la Thermomix. Introducir en un sifón con dos cargas de gas y reservar en cámara. Justo 30 minutos antes del momento del pase, retirar el sifón de la cámara y dejar atemperar. Escudillar en vasos de plástico* hasta rellenar ⅓ parte de éstos. Cocer en el microondas a máxima potencia durante 30 segundos. Acto seguido, dejar reposar bocabajo y desmoldar. Trocear los bizcochos resultantes de manera irregular.

**Con la base agujereada.*

ACABADO

3 escamas de sal negra.

Escudillar praliné de almendra frita salada en el interior de un cono*. Introducir un trozo de bizcocho sifón de almendra y dosificar un punto más de praliné encima. Coronar este último con una escama de sal negra y repetir el montaje dos veces más. Su etar los tres conos resultantes en un cuenco con almendras fritas saladas.

**Enrollar una lámina de pasta wonton en un cono antiadherente y freír a 180 ºC en aceite de oliva virgen extra.*

Vacío.
Otoño.
Sabor.

Vacuum
Autumn.
Flavor.

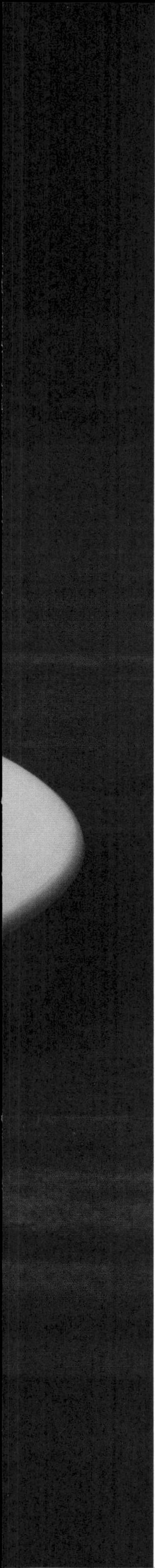

cuello de cordero y castañas
lamb neck and chestnuts

lamb neck and chestnuts

SLOW-COOKED LAMB NECK

Lamb neck (as needed), garlic clove (as needed), fresh rosemary (as needed), fresh thyme (as needed), salt (as needed), black pepper (as needed), extra virgin olive oil (as needed).
Bone the lamb necks, reserving the bones for the sauce to be made later. Place each boned necks* in a vacuum bag. Add two garlic cloves, a sprig of rosemary and a sprig of thyme to each one. Season with salt and pepper and add a little oil. Vacuum pack at 100 % and cook in a steam oven at 80 °C for 6 hours and 30 minutes. After this time, open the bags and strain the contents, reserving the juice (collagen) resulting from cooking to make a sauce later on. Discard the garlic and aromatic herbs. With the help of cling film and exerting pressure, form a roll for each neck (two loins) of lamb. Leave to cool and cut each roll into five slices. Just at the moment of the pass, sear the portions evenly.
**Two sides/loins are obtained.*

LAMB SAUCE

20 lamb neck bones, 8 tomatoes, 6 onions, 10 carrots, 4 leeks, 5 l red wine, red wine (as needed), extra virgin olive oil (as needed), water (as needed), juice (collagen) from slow-cooking the lamb neck (as needed), butter (as needed).
Arrange the lamb neck bones on a tray and bake in the oven at 145 ºC for 1 hour until toasted. Then, transfer the bones to a saucepan and add the juice from roasting, previously deglazed with red wine.
On the other hand, roast the vegetables, previously cut into mirepoix, in a saucepan with extra virgin olive oil. Add to the pot with the bones and cook. Pour in the red wine and allow to reduce until completely evaporated. Cover with water and simmer for 48 hours. After this time, add the lamb juice (collagen) and reduce to a glaze texture. Strain through a chinois and texturise with a little butter. Set the resulting sauce aside until the moment of the pass.

CHESTNUT CREAM

400 g chestnut puree, 220 g water, 6 g salt, 1 g xanthan, 8 g agar agar.
Mix all the ingredients in the Thermomix until 100 ºC is reached. Pour into a Gastronorm and leave to cool. Once cold, blend with the blender and strain through a chinois. Reserve in a piping bag until the moment of the pass.

PARSNIP CREAM

500 g parsnips, 140 g butter, 1 g xanthan, water (as needed), salt (as needed).
Peel the parsnips and place in a pot. Cover with water and bring to the boil. Once it comes to the boil, cook until tender. Transfer the cooked parsnip to the Thermomix with the butter, xanthan and a little salt. Mash quickly while the parsnip is still warm to help the butter melt. Reserve the resulting cream in a piping bag until the moment of the pass.

ASSEMBLY

6 slices of chestnut*, seasoned micromezclum** (sprouts)(as needed).
**Raw chestnut peeled and sliced with a mandolin.*
***With Sherry vinegar, extra virgin olive oil and salt.*
With the help of a turntable, draw a spiral with the chestnut cream in the centre of a plate. Pipe six dots of parsnip cream on top and crown each with a slice of chestnut. Place a portion of freshly seared lamb neck on the central part of the spiral and glaze with its sauce. Top the meat with a bouquet of micromezclum.

cuello de cordero y castañas

CUELLO DE CORDERO A BAJA TEMPERATURA

c.s. de cuello de cordero, c.s de diente de ajo, c.s. de romero fresco, c.s. de tomillo fresco, c.s. de sal, c.s. de pimienta negra, c.s. de aceite de oliva virgen extra.

Deshuesar los cuellos de cordero reservando los huesos para la salsa que se elabora más adelante. Introducir cada uno de los cuellos deshuesados* en una bolsa de vacío. Añadir dos dientes de ajo, una rama de romero y otra de tomillo en cada una. Salpimentar y agregar un poco de aceite. Envasar al 100 % y cocer en el horno con vapor a 80 °C durante 6 horas y 30 minutos. Transcurrido este tiempo, abrir las bolsas y colar su contenido reservando el jugo (colágeno) resultante de la cocción para elaborar una salsa más adelante. Desechar el ajo y las aromáticas. Con ayuda de papel film y ejerciendo presión, formar un rulo por cada cuello (dos lomos) de cordero. Dejar enfriar y los rulos en cinco rodajas. Justo en el momento del pase, marcar las porciones de manera uniforme.

**Se obtienen dos caras/lomos por cuello.*

SALSA DE CORDERO

20 huesos de cuello de cordero, 8 tomates, 6 cebollas, 10 zanahorias, 4 puerros, c.s. de vino tinto, c.s. de aceite de oliva virgen extra, c.s. de agua, c.s. de jugo (colágeno) resultante de la cocción del cuello de cordero a baja temperatura, c.s. de mantequilla.

Disponer los huesos de cuello de cordero en una bandeja y hornear a 145 °C durante 1 hora hasta tostar. A continuación, pasar los huesos a una olla añadiendo el jugo resultante de su tostado, previamente desglasado con vino tinto.

Por otro lado, rustir las verduras, previamente cortadas en mirepoix, en una marmita con aceite de oliva virgen extra. Agregar a la olla con los huesos y cocinar. Verter 5 l de vino tinto y dejar reducir hasta evaporar por completo. Cubrir con agua y cocer a fuego lento durante 48 horas. Transcurrido este tiempo, incorporar jugo (colágeno) de cordero y reducir hasta obtener una textura de glasa. Colar por un chino y texturizar con un poco de mantequilla. Reservar la salsa resultante hasta el momento del pase.

CREMA DE CASTAÑA

400 g de puré de castaña, 220 g de agua, 6 g de sal, 1 g de xantana, 8 g de agar agar.

Mezclar todos los ingredientes en la Thermomix hasta alcanzar 100 °C. Verter en una Gastronorm y dejar enfriar. Una vez frío, triturar con la túrmix y colar por un chino. Reservar en una manga hasta el momento del pase.

CREMA DE CHIRIVÍA

500 g de chirivía, 140 g de mantequilla en dados, 1 g de xantana, c.s. de agua, c.s. de sal.

Pelar la chirivía e introducir en una olla. Cubrir con agua y llevar a ebullición. Una vez arranque el hervor, cocer hasta que resulte tierna. Pasar la chirivía cocida a la Thermomix agregando la mantequilla, la xantana y un poco de sal. Triturar rápidamente con la chirivía aún caliente para facilitar que la mantequilla se funda. Una vez emulsionada la mezcla, pasar por un chino y reservar la crema resultante en una manga hasta el momento del pase.

ACABADO

6 láminas de castaña*, c.s. de micromezclum aliñado** (brotes).

**Castaña cruda pelada y laminada con una mandolina.*

***Con vinagre de Jerez, aceite de oliva virgen extra y sal.*

Con ayuda de un tocadiscos, dibujar una espiral con crema de castaña en el centro de un plato. Escudillar seis puntos de crema de chirivía encima y coronar cada uno con una lámina de castaña. Situar una porción de cuello de cordero recién marcado sobre la parte central de la espiral y glasear con su salsa. Coronar la carne con un *bouquet* de micromezclum aliñado.

Visual.
Local.
Viajero.

Visual.
Local.
Traveler.

ceviche de coco y gamba
coconut and prawn ceviche

coconut and prawn ceviche

PRAWN TARTAR

Malaga white prawn (as needed), lemon zest (as needed), salt (as needed), extra virgin olive oil (as needed).
Shell and gut the prawns. Cut into a tartar and dress with the rest of the ingredients. Leave to rest in the walk-in fridge for 1 hour. Reserve in the walk-in fridge until the moment of the pass.
Note: *Three prawns are used per serving/dinner.*

TIGER'S MILK WITH COCONUT

2 l coconut milk, 260 g freshly squeezed lemon juice, 240 g freshly squeezed orange juice, 30 g salt.
Pour both juices, previously strained through a chinois, into a bowl. Add the coconut milk and salt and mix with a spatula*. Set aside in the walk-in fridge until the moment of the pass.
**Never mix with a whisk, as foaming of the mixture must be avoided.*

CHIVE OIL

200 g extra virgin olive oil, 35 g chives.
Blend both ingredients at maximum speed in the Thermomix. Pass through a Superbag and keep the resulting oil in the walk-in fridge until the moment of the pass.

PRAWN OIL

200 g extra virgin olive oil, 200 g Malaga white prawn head, 3 g sweet La Vera paprika, 100 g chopped tomato.
Heat the oil in a frying pan and fry the prawn heads. Add the paprika and tomato and cook for 30 minutes. After this time, strain through a sieve and pour the resulting infused oil into a cheesecloth. Hang in the walk-in fridge and leave to decant. Keep the clean oil in the walk-in fridge until the moment of the pass.

SQUID INK OIL

200 g extra virgin olive oil, 3 g squid ink.
Blend both ingredients at maximum speed in the Thermomix. Pass through a Superbag and keep the resulting oil in the walk-in fridge until the moment of the pass.

FRIED GARLIC

Sliced garlic (as needed), extra virgin olive oil (as needed).
Heat the oil and fry the garlic slices over a high heat. Remove and drain thoroughly. Set aside in a dry place until the moment of the pass.

AVOCADO CREAM

500 g ripe avocado, 19 g lemon juice, 0.6 g citric acid, 2.5 g salt.
Peel and pit the avocado and place in the Thermomix. Add the rest of the ingredients and blend at maximum speed until you obtain a fine, smooth cream. Strain through a chinois and store in the walk-in fridge until the moment of the pass.

SEAWEED TUILE

2.5 g spirulina powder, 50 g water, 50 g loose plain flour, salt (as needed).
Mix all the ingredients together and spread thinly in a seaweed mould. Bake at 160 °C for 8 minutes. Then, unmould and keep in an airtight container until the moment of the pass.

ASSEMBLY

4 micro-carrot sprouts, crumbled frozen raspberries (as needed).
Place the coconut tiger milk with the three oils (chives, prawn and squid ink) in a jug.
On the other hand, and on the left side of a long plate, arrange the prawn tartar with the help of a ring. Place the following elements on the tartar: a seaweed *tuile*, three dots of avocado cream, frozen and crumbled raspberry and the micro-carrot sprouts. Top each of the avocado cream dots with a slice of fried garlic. Finish the ceviche by pouring the very cold mixture of tiger's milk and oils on the right side of the plate.

ceviche de coco y gamba

TARTAR DE GAMBA

c.s. de gamba blanca de Málaga, c.s. de ralladura de limón, c.s. de sal, c.s. de aceite de oliva virgen extra.
Descascarillar y eviscerar las gambas. Cortar a modo de tartar y aliñar con el resto de ingredientes. Dejar reposar en cámara durante 1 hora. Reservar en cámara hasta el momento del pase.
Nota: *Se emplean tres gambas por ración/comensal.*

LECHE DE TIGRE CON COCO

2 l de leche de coco, 260 g de zumo de limón recién exprimido, 240 g de zumo de naranja recién exprimido, 30 g de sal.
Verter ambos zumos, previamente colados por un chino, en un recipiente. Agregar la leche de coco y la sal, y mezclar con una espátula*. Reservar en cámara hasta el momento del pase.
**No mezclar nunca con varillas, pues se debe evitar espumar la mezcla.*

ACEITE DE CEBOLLINO

200 g de aceite de oliva virgen extra, 35 g de cebollino.
Triturar ambos ingredientes a máxima velocidad en la Thermomix. Pasar por una Superbag y reservar el aceite resultante en cámara hasta el momento del pase.

ACEITE DE GAMBA

200 g de aceite de oliva virgen extra, 200 g de cabeza de gamba blanca de Málaga, 3 g de pimentón de La Vera dulce, 100 g de tomate troceado.
Calentar el aceite en una sartén y sofreír las cabezas de gamba. Incorporar el pimentón y el tomate, y cocinar durante 30 minutos. Transcurrido este tiempo, colar por un chino e introducir el aceite infusionado resultante en una estameña. Colgar en cámara y dejar decantar. Reservar el aceite limpio en cámara hasta el momento del pase.

ACEITE DE TINTA DE CALAMAR

200 g de aceite de oliva virgen extra, 3 g de tinta de calamar.
Triturar ambos ingredientes a máxima velocidad en la Thermomix. Pasar por una Superbag y reservar el aceite resultante en cámara hasta el momento del pase.

AJO FRITO

c.s. de ajo laminado, c.s. de aceite de oliva virgen extra.
Calentar el aceite y freír las láminas de ajo a fuego fuerte. Extraer y escurrir concienzudamente. Reservar en un lugar seco hasta el momento del pase.

CREMA DE AGUACATE

500 g de aguacate maduro, 19 g de zumo de limón, 0,6 g de ácido cítrico, 2,5 g de sal.
Pelar y deshuesar el aguacate, e introducir en la Thermomix. Agregar el resto de ingredientes y triturar a máxima velocidad hasta obtener una crema fina y homogénea. Colar por un chino y reservar en cámara hasta el momento del pase.

TEJA DE ALGA

2,5 g de espirulina en polvo, 50 g de agua, 50 g de harina floja, c.s. de sal.
Mezclar todos los ingredientes y extender finamente en un molde con forma de alga. Hornear a 160 ºC durante 8 minutos. A continuación, desmoldar y reservar en un recipiente hermético hasta el momento del pase.

ACABADO

4 brotes de microzanahoria, c.s. de frambuesa congelada y desmenuzada.
Introducir la leche de tigre con coco junto con los tres aceites (cebollino, gamba y tinta de calamar) en una jarra.
Por otro lado, y en el lado izquierdo de un plato alargado, disponer tartar de gamba con ayuda de un aro. Situar los siguientes elementos sobre el tartar: una teja de alga, tres puntos de crema de aguacate, frambuesa congelada y desmenuzada, y los brotes de microzanahoria. Coronar cada uno de los puntos de crema de aguacate con una lámina de ajo frito. Terminar el ceviche vertiendo la mezcla muy fría de leche de tigre y aceites en el lado opuesto.

Recuerdo.
Ensalada.
Producto.

Memory.
Salad.
Product.

quisquilla con sopa de pimientos asados

quisquilla shrimp with roasted pepper soup

quisquilla shrimp with roasted pepper soup

ROASTED PEPPER SOUP

Red pepper (as needed), mirin (as needed), soy sauce (as needed).
Arrange the peppers on a tray and place in the oven. Roast at 180 ºC for 40 minutes. After this time, place in a colander and place a weight on top. Allow to decant in the walk-in fridge until as much juice as possible is obtained. Weigh 300 g of roasted pepper juice and mix with 100 g of mirin and 100 g of soy sauce. Strain and store in the walk-in fridge until the moment of the pass.

YOGHURT SPHERES

200 g Greek yoghurt, 3 g salt, 1 g freshly ground white pepper, alginate bath (as needed), water (as needed).
Mix the yoghurt with the salt and pepper in the Thermomix. Make 2 cm spheres in the alginate bath. Leave to set for 3-4 minutes. Then, remove the resulting yoghurt spheres and rinse with water. Store in an airtight container* in the walk-in fridge until the moment of the pass.
**With 100 g water, 50 g milk and dill sprigs.*

ASSEMBLY

1 *quisquilla* shrimp, dill leaf (as needed).
Separate the head from the body of the *quisquilla* shrimp and shell. Place both parts in a deep dish and place a sphere of yoghurt in the hollow of the *quisquilla* shrimp's tail. Top the yoghurt sphere and garnish the *quisquilla* shrimp head with dill. Finish by pouring cold roasted pepper soup around the whole.

quisquilla con sopa de pimientos asados

SOPA DE PIMIENTOS ASADOS

c.s. de pimiento rojo, c.s. de mirin, c.s. de salsa de soja.
Disponer los pimientos en una bandeja e introducir en el horno. Asar a 180 ºC durante 40 minutos. Transcurrido este tiempo, introducir en un colador y situar un peso encima. Dejar decantar en cámara hasta obtener la mayor cantidad de jugo de pimientos asados posible. Pesar 300 g de éste y mezclar con 100 g de mirin y 100 g de salsa de soja. Colar y reservar en cámara hasta el momento del pase.

ESFERAS DE YOGUR

200 g de yogur griego, 3 g de sal, 1 g de pimienta blanca recién molida, c.s. de baño de alginato, c.s. de agua.
Mezclar el yogur con la sal y la pimienta en la Thermomix. Realizar esferas de 2 cm en el baño de alginato. Dejar gelificar durante 3-4 minutos. A continuación, extraer las esferas de yogur resultantes y limpiar con agua. Reservar en un recipiente hermético* en cámara hasta el momento del pase.
**Con 100 g de agua, 50 g de leche y ramas de eneldo.*

ACABADO

1 quisquilla, c.s. de hoja de eneldo.
Separar la cabeza del cuerpo de la quisquilla y descascarillar este último. Situar ambas partes en un plato hondo y disponer una esfera de yogur en el hueco que dibuja la cola de la quisquilla. Coronar la esfera y decorar la cabeza de quisquilla con eneldo. Terminar vertiendo sopa de pimientos asados fría alrededor del conjunto.

Producto.
Venta de
Zafarraya.

*Product.
Venta de
Zafarraya.*

alcachofas rustidas con calamar y espuma de manzanilla
roasted artichokes with squid and manzanilla wine foam

roasted artichokes with squid and manzanilla wine foam

ROASTED ARTICHOKES

Artichoke (as needed), extra virgin olive oil (as needed), salt (as needed).
Clean and remove the artichoke leaves until the most tender part of the heart is obtained. Vacuum pack and cook in the steam oven at 80 ºC for 90 minutes. After this time, leave to cool and cut the artichoke hearts into quarters. Roast and set aside both for the squid stew and until the moment of the pass.

SQUID STEW

200 g cleaned and diced National Squid mantle, 200 g roasted poultry broth, 50 g tomato in brunoise, 60 g onion in brunoise, extra virgin olive oil (as needed), roasted artichoke quarters (as needed), salt (as needed).
Prepare a sauce by poaching the tomato and onion in oil. Add the squid cubes and the roasted artichoke quarters and cook for 6 minutes. Then, add the poultry broth and allow to reduce until the broth is completely dry. Season to taste with salt and serve immediately.

MANZANILLA WINE FOAM

130 g Manzanilla wine, 600 g cream, 245 g pasteurised egg white, 6 g salt.
Mix the wine with the rest of the ingredients cold*. Place in a siphon with two charges and leave to rest. Set aside in a bain-marie at 65 ºC until the moment of the pass.
**Being very careful not to whip the cream.*

ASSEMBLY

3 mustard sprouts, citronella bulb (as needed).
Using a ring, serve hot squid stew in a bowl. Place four roasted artichoke quarters on top and crown with mustard sprouts. Coat one side of the stew with Manzanilla wine foam and grate citronella with a Microplane over the whole.

alcachofas rustidas con calamar y espuma de manzanilla

ALCACHOFAS RUSTIDAS

c.s. de alcachofa, c.s. de aceite de oliva virgen extra, c.s. de sal.
Limpiar y deshojar las alcachofas hasta obtener la parte más tierna del corazón. Envasar al vacío y cocer en el horno con vapor a 80 °C durante 90 minutos. Transcurrido este tiempo, dejar enfriar y cortar en cuartos. Rustir y reservar tanto para el guiso de calamar como hasta el momento del pase.

GUISO DE CALAMAR

200 g de manto de calamar Nacional limpio y cortado en dados, 200 g de caldo de ave tostado, 50 g de tomate en brunoise, 60 g de cebolla en brunoise, c.s. de aceite de oliva virgen extra, c.s. de cuartos de corazón de alcachofa rustida, c.s. de sal.
Elaborar un sofrito pochando el tomate y la cebolla en aceite. Incorporar los dados de calamar y los cuartos de alcachofa rustida, y cocinar durante 6 minutos. A continuación, agregar el caldo de ave y dejar reducir hasta secar por completo. Rectificar el punto de sal y servir de inmediato.

ESPUMA DE MANZANILLA

130 g de Manzanilla, 600 g de nata, 245 g de clara pasteurizada, 6 g de sal.
Mezclar el vino con el resto de ingredientes en frío*. Introducir en un sifón con dos cargas de gas y dejar reposar. Reservar en un baño maría a 65 °C hasta el momento del pase.
**Con sumo cuidado de no montar la nata.*

ACABADO

3 brotes de mostaza, c.s. de bulbo de citronela.
Con ayuda de un aro, servir guiso de calamar caliente en un cuenco. Situar cuatro cuartos de corazón de alcachofa rustida encima y coronar con brotes de mostaza. Napar un lado del guiso con espuma de Manzanilla y terminar rallando citronela con un Microplane sobre el conjunto.

Tradición.
Mar.
Montaña.

Tradition.
Sea.
Mountain.

ravioli de cigala y salsa de foie gras

norway lobster ravioli and foie gras sauce

norway lobster ravioli and foie gras sauce

NORWAY LOBSTER RAVIOLI

Norway lobster (as needed), wonton pastry (as needed), water (as needed).
Shell and gut the Norway lobsters.
On the other side, lay out sheets of wonton pastry on a flat work surface. Place a Norway lobster, previously cut in half, in the centre of each one. Close in the form of ravioli and freeze. Just at the moment of the pass, bring water to the boil. Once it comes to the boil, cook the frozen Norway lobster ravioli for 2 minutes and 30 seconds.

FOIE GRAS SAUCE

700 g foie gras, 300 g butter, 400 g shallot in julienne, 200 g white wine, 900 g chicken broth, 500 g cream, 150 g cooked tapioca pearls, salt (as needed).
Sear the foie gras in a frying pan, discarding the fat as it drips off.
On the other side, melt the butter in a saucepan. Add the shallot and poach. Add the freshly seared foie gras and the wine, and allow to reduce until the alcohol has evaporated. Pour in the chicken broth and cream, and cook the mixture to integrate all the flavours. Transfer to the Thermomix and blend. While continuing to work the mixture, thicken it by adding tapioca. Add salt and strain through a chinois. Set the resulting sauce aside until the moment of the pass.

TRUFFLE AIR

35 g truffle sauce (Tartufata), 2 l water, 15 g soy lecithin, trimmings and skins of fresh black truffle (as needed).
Triturate all the ingredients with the blender and leave to rest in the walk-in fridge. Just at the moment of the pass, temper the mixture and introduce it into an aerator or foamer (Foam Kit).

ASSEMBLY

Black truffle in julienne (as needed).
Arrange a freshly cooked Norway lobster ravioli in the centre of a bowl and pour hot foie gras sauce around it. In the dining room and in front of the diner, place black truffle julienne on the ravioli and crown with a spoonful of truffle air.

ravioli de cigala y salsa de foie gras

RAVIOLI DE CIGALA

c.s. de cigala, c.s. de pasta wonton, c.s. de agua.
Descascarillar y eviscerar las cigalas.
Por otro lado, disponer láminas de pasta wonton sobre una superficie plana de trabajo. Situar una cigala, previamente cortada por la mitad, en el centro de cada una. Cerrar a modo de ravioli y congelar. Justo en el momento del pase, llevar agua a ebullición. Una vez arranque el hervor, cocer los raviolis de cigala congelados durante 2 minutos y 30 segundos.

SALSA DE FOIE GRAS

700 g de foie gras, 300 g de mantequilla, 400 g de chalota en juliana, 200 g de vino blanco, 900 g de caldo de pollo, 500 g de nata, 150 g de perlas de tapioca cocidas, c.s. de sal.
Marcar el foie gras en una sartén desechando la grasa que vaya desprendiendo. Por otro lado, fundir la mantequilla en una olla. Agregar la chalota y pochar. Añadir el foie gras recién marcado y el vino, y dejar reducir hasta que se evapore el alcohol. Verter el caldo de pollo y la nata, y cocinar el conjunto para integrar bien todos sus sabores. Pasar a la Thermomix y triturar. Sin dejar de trabajar la mezcla, espesar incorporando la tapioca. Poner a punto de sal y colar por un chino. Reservar la salsa resultante hasta el momento del pase.

AIRE DE TRUFA

35 g de salsa de trufa (Tartufata), 2 l de agua, 15 g de lecitina de soja, c.s. de recortes y pieles de trufa negra fresca.
Triturar todos los ingredientes con la túrmix y dejar reposar en cámara. Justo en el momento del pase, atemperar la mezcla e introducir en un aireador o espumador (Foam Kit).

ACABADO

c.s. de trufa negra en juliana.
Disponer un ravioli de cigala recién cocido en el centro de un cuenco y verter salsa de foie gras caliente alrededor. En sala y ante el comensal, situar juliana de trufa negra sobre el ravioli y coronar con una cucharada de aire de trufa.

Humildad.
Opulencia.
Ensalada.

Humility.
Opulence.
Salad.

bogavante, pimientos asados y ponzu

lobster, roasted peppers and ponzu

lobster, roasted peppers and ponzu

STEAMED LOBSTER

1 lobster, 50 % brine (as needed).
Cook the lobster in the steam oven at 100 ºC for 7 minutes. Then, stop the cooking in the brine with ice. Remove the shells and portion the meat. Set aside until the moment of the pass.

ROASTED PEPPER SAUCE

1 kg red pepper, 76 g cream, extra virgin olive oil (as needed), salt (as needed).
Arrange the peppers on a tray. Brush with oil and season with a little salt. Place in the oven and roast at 180 ºC for 40 minutes. After this time, film and leave to cool. Once cool, remove the stalk and de-seed. Triturate the flesh of the roasted peppers together with the cream. Add salt and, while blending, emulsify by pouring in a little oil. Strain through a fine-mesh sieve and reserve the resulting sauce until the moment of the pass.

PONZU SAUCE GEL

260 g soy sauce, 200 g mirin, 70 g orange juice, 70 g lemon juice, 70 g lime juice, 6 g gellan, 2 g xanthan, 3.5 g agar agar.
Mix all the ingredients in the Thermomix and heat up to 100 ºC. Pour into a Gastronorm and leave to set in the walk-in fridge. Triturate to obtain a smooth, fine gel. Strain through a chinois and keep in a piping bag in the walk-in fridge until the moment of the pass.

ASSEMBLY

5 pieces of peeled mandarin segments, micromezclum (sprouts and flowers) (as needed).
Cover the base of a shallow dish with hot roasted pepper sauce. Arrange the following elements harmoniously on top: six pieces of steamed lobster meat, thirteen dots of ponzu sauce gel and five pieces of mandarin. Finish by crowning the whole with sprouts and flowers.

bogavante, pimientos asados y ponzu

BOGAVANTE AL VAPOR

1 bogavante, c.s. de salmuera al 50 %.
Cocer el bogavante en el horno con vapor a 100 ºC durante 7 minutos. A continuación, cortar la cocción en la salmuera con hielo. Descascarillar y porcionar su carne. Reservar hasta el momento del pase.

SALSA DE PIMIENTOS ASADOS

1 kg de pimiento rojo, 76 g de nata, c.s. de aceite de oliva virgen extra, c.s. de sal.
Disponer los pimientos en una bandeja. Pintar con aceite y sazonar con un poco de sal. Introducir en el horno y asar a 180 ºC durante 40 minutos. Transcurrido este tiempo, filmar y dejar enfriar. Una vez fríos, retirar el pedúnculo y despepitar. Triturar la pulpa de los pimientos asados junto con la nata. Poner a punto de sal y, sin dejar de turbinar, emulsionar vertiendo un poco de aceite. Pasar por un colador de malla fina y reservar la salsa resultante hasta el momento del pase.

GEL DE SALSA PONZU

260 g de salsa de soja, 200 g de mirin, 70 g de zumo de naranja, 70 g de zumo de limón, 70 g de zumo de lima, 6 g de gellan, 2 g de xantana, 3,5 g de agar agar.
Mezclar todos los ingredientes en la Thermomix y calentar hasta alcanzar 100 ºC. Verter en una Gastronorm y dejar gelificar en cámara. Triturar hasta obtener un gel liso y fino. Colar por un chino y reservar en una manga en cámara hasta el momento del pase.

ACABADO

5 trozos de gajo de mandarina pelada al vivo, c.s. de micromezclum (brotes y flores).
Cubrir la base de un plato llano con salsa de pimientos asados caliente. De manera harmónica, disponer los siguientes elementos encima: seis trozos de carne de bogavante al vapor, trece puntos de gel de salsa ponzu y cinco trozos de mandarina. Terminar coronando el conjunto con brotes y flores.

José Carlos
García.
Málaga.

Andalucía.
Pescado.
Esferificación.

Andalusia.
Fish.
Spherification.

lubina, patata líquida, perejil y gazpachuelo

sea bass, liquid potato, parsley and gazpachuelo

*sea bass, liquid potato, parsley and gazpachuelo**

**Traditional Andalusian hot soup.*

GRILLED SEA BASS

1 sea bass, extra virgin olive oil (as needed), salt (as needed).
Remove the scales and deburr the sea bass. Butterfly open, gut and debone. Portion both loins into 2.5 cm cubes. Season with a little oil and salt, and sear skin-side down in a frying pan. Just at the moment of the pass, roast in the Josper at 300 ºC for 1 minute.

LIQUID POTATO SPHERES

500 g potato, 1 garlic clove, 250 g milk, 250 g cream, 210 g yoghurt, 20 g gluconolactate, extra virgin olive oil (as needed), salt (as needed), alginate bath (as needed), water (as needed).
Place the potatoes and garlic in a pot and add a little oil. Cover and 'sweat' the potatoes over a low heat, taking care not to let them brown. Uncover and add the milk and cream. Continue cooking until the potatoes are tender. Remove from the heat and leave to cool to room temperature. Add the yoghurt and gluconolactate and blend with a blender. Season with salt and place in a piping bag. Leave to rest and, using a pair of scissors, pipe dots (gnocchi) in the alginate bath. Leave to set for 10 minutes. Then, remove and rinse with water. Store in an airtight container with water and a little salt until the moment of the pass.

PARSLEY GEL

7 g salt, 1 garlic clove, 2.5 g gellan, 5 g agar agar, 2 g xanthan, parsley (bunch) (as needed), water (as needed).
Bring water to the boil. Once it comes to the boil, blanch the bunch of parsley and next, stop the cooking in ice water. Discard the thickest part of the stalk and weigh the rest. Place 145 g of blanched parsley in the Thermomix. Add the salt, garlic clove, gellan, agar agar, xanthan and 750 g water. Blend until 100 °C is reached. Pour into a Gastronorm and leave to set in the walk-in fridge. Blend with a blender until a smooth, fine gel is obtained. Strain through a chinois and keep in a piping bag in the walk-in fridge until the moment of the pass.

GAZPACHUELO

250 g mayonnaise, 600 g fumet, 1.5 g xanthan, 30 g Oloroso Sherry wine, 25 g lemon juice, 8 g salt.
Just at the moment of the pass, mix all the ingredients in the Thermomix at 60 ºC and serve immediately.

TAPIOCA WITH SOY

120 g tapioca pearls, 120 g soy sauce, water (as needed).
Mix 200 g water with the soy sauce and add the tapioca. Bring to the boil. Once it comes to the boil, and stirring constantly to prevent sticking, cook the tapioca for 20 minutes. Then, remove and rinse with cold water. Leave to cool and store in the walk-in fridge until the moment of the pass.

ASSEMBLY

Rocket sprout (as needed), lemon zest (as needed).
Draw a circle with parsley gel on a plate. Intersperse three spheres of liquid potato and three cubes of sea bass on the gel. Top the latter with tapioca with soy and a little lemon zest. Arrange rocket sprouts over the whole and finish by pouring *gazpachuelo* in the centre of the circle.

lubina, patata líquida, perejil y gazpachuelo

LUBINA ASADA

1 lubina, c.s. de aceite de oliva virgen extra, c.s. de sal.
Desescamar y desbarbar la lubina. Abrir en mariposa, eviscerar y desespinar. Porcionar ambos lomos en dados de 2,5 cm de lado. Aderezar con un poco de aceite y sal, y marcar por el lado de la piel en una sartén. Justo en el momento del pase, asar en el Josper a 300 ºC durante 1 minuto.

ESFERAS DE PATATA LÍQUIDA

500 g de patata, 1 diente de ajo, 250 g de leche, 250 g de nata, 210 g de yogur, 20 g de gluconolactato, c.s. de aceite de oliva virgen extra, c.s. de sal, c.s. de baño de alginato, c.s. de agua.
Disponer las patatas y el ajo en una olla, y agregar un poco de aceite. Tapar y 'dejar sudar' las patatas a fuego lento con sumo cuidado de que no adquieran color. Destapar y agregar tanto la leche como la nata. Seguir cocinando hasta que las patatas resulten tiernas. Retirar del fuego y dejar enfriar a temperatura ambiente. Añadir el yogur y el gluconolactato, y triturar con la túrmix. Poner a punto de sal e introducir en una manga. Dejar reposar y, con ayuda de unas tijeras, escudillar puntos (ñoquis) en el baño de alginato. Dejar gelificar durante 10 minutos. A continuación, extraer y limpiar con agua. Reservar en un recipiente hermético con agua y un poco de sal hasta el momento del pase.

GEL DE PEREJIL

7 g de sal, 1 diente de ajo, 2,5 g de gellan, 5 g de agar agar, 2 g de xantana, c.s. de perejil (manojo), c.s. de agua.
Llevar agua a ebullición. Una vez arranque el hervor, escaldar el manojo de perejil y, acto seguido, cortar la cocción en agua con hielo. Desechar la parte más gruesa del tallo y pesar el resto. Introducir 145 g de perejil escaldado en la Thermomix. Añadir la sal, el diente de ajo, el gellan, el agar agar, la xantana y 750 g de agua. Triturar hasta alcanzar 100 ºC. Verter en una Gastronorm y dejar gelificar en cámara. Triturar con la túrmix hasta obtener un gel liso y fino. Colar por un chino y reservar en una manga en cámara hasta el momento del pase.

GAZPACHUELO

250 g de mayonesa, 600 g de fumet, 1,5 g de xantana, 30 g de Oloroso, 25 g de zumo de limón, 8 g de sal.
Justo en el momento del pase, mezclar todos los ingredientes en la Thermomix a 60 ºC y servir inmediatamente.

TAPIOCA CON SOJA

120 g de perla de tapioca, 120 g de salsa de soja, c.s. de agua.
Mezclar 200 g de agua con la salsa de soja y agregar la tapioca. Llevar a ebullición. Una vez arranque el hervor, y sin dejar de remover para evitar que se adhiera, cocer la tapioca durante 20 minutos. A continuación, extraer y lavar con agua fría. Dejar enfriar y reservar en cámara hasta el momento del pase.

ACABADO

c.s. de brote de rúcula, c.s. de ralladura de limón.
Dibujar un círculo con gel de perejil en un plato e intercalar tres esferas de patata líquida y tres dados de lubina recién asada encima. Coronar estos últimos con tapioca con soja y un poco de ralladura de limón. Disponer brotes de rúcula sobre todo el conjunto y terminar vertiendo gazpachuelo en el centro del círculo.

Casquería.
Cuchara.
Málaga.

Offal.
Spoon.
Malaga.

gazpachuelo de montaña, guiso de manitas y gamba
mountain gazpachuelo, trotters and prawn stew

mountain gazpachuelo, trotters and prawn stew

MOUNTAIN GAZPACHUELO

250 g mayonnaise, 600 g chicken broth, 1.5 g xanthan, 20 g Amontillado wine, 10 g lemon juice, 8 g salt.
Just at the moment of the pass, mix all the ingredients in the Thermomix at 60 ºC and serve immediately.

PIG'S TROTTERS STEW

3 kg pig's trotters, 1 kg onion, 15 cloves, 600 g carrots, 3 dried bay leaves, water (as needed), salt (as needed).
Cut the pig's trotters in half. Join them again and place them in a cooking mesh so that they do not lose their original shape. Place in a pot and cover with water. Bring to the boil so that the trotters can remove any remaining dirt. Once boiling, transfer the mesh to another pot. Add the onions, previously pierced with the cloves*, the carrots and the bay leaf. Cover with water again and simmer for 6 hours. After this time, remove the trotters and bone them while still warm. With the help of cling film, form rolls** by exerting pressure and semi-freeze. Slice to 2,5 cm thick and, just at the moment of the pass, sear on both sides of the skin.
**Insert the 15 cloves into the kg of onions.*
***By boning a trotter cut in half, two pieces or sides are obtained. Each roll is formed with a small trotter, thus superimposing the two resulting pieces on the inside (the skin will be on the outside). Finish by rolling the piece on itself with the help of the cling film.*

PRAWN TARTAR

Malaga white prawns (as needed), lemon zest (as needed), salt (as needed), extra virgin olive oil (as needed).
Shell and gut the prawns. Cut into a tartar shape and dress with the rest of the ingredients. Leave to rest for 1 hour in the walk-in fridge before using at the moment of the pass.
Note: *Three prawns are used per serving/dinner.*

PEAR GEL

500 g pear, 85 g diced butter, ½ cinnamon stick, 1,5 g xanthan.
Peel and core the pears. Cut into mirepoix and place in a vacuum bag. Add the butter and cinnamon, and vacuum pack at 100 %. Cook in the Roner at 75 ºC for 3 hours. After this time, open the bag and discard the cinnamon stick. Triturate the rest of the contents in a blender while hot. Texturise with the xanthan and strain through a chinois. Keep in a piping bag in the walk-in fridge until the moment of the pass.

PICKLED SHALLOT

5 shallots, 50 g apple cider vinegar, 200 g water, 5 g salt.
Peel and finely slice the shallots.
On the other hand, place all the ingredients except the shallots in a saucepan. Bring to the boil. Once it comes to the boil, remove from the heat and submerge the shallots. Cover and leave to pickle at room temperature for at least 2 hours. Set aside until the moment of the pass.

ASSEMBLY

Carrot micro-sprouts (as needed).
Place a portion of freshly seared trotter stew on both sides in the centre of a deep plate. Place a spoonful of prawn tartar on top. Top with slices of pickled shallot and carrot micro-sprouts. Dose three dots of pear gel on the side of the tartar and finish by pouring mountain *gazpachuelo* around the stew.

gazpachuelo de montaña, guiso de manitas y gamba

GAZPACHUELO DE MONTAÑA

250 g de mayonesa, 600 g de caldo de pollo, 1,5 g de xantana, 20 g de vino Amontillado, 10 g de zumo de limón, 8 g de sal.
Justo en el momento del pase, mezclar todos los ingredientes en la Thermomix a 60 ºC y servir inmediatamente.

GUISO DE MANITAS

3 kg de manita de cerdo, 1 kg de cebolla, 15 clavos de olor, 600 g de zanahoria, 3 hojas de laurel seco, c.s. de agua, c.s. de sal.
Cortar las manitas de cerdo por la mitad. Unir de nuevo e introducir en una malla de cocción para que no pierdan su forma original. Disponer en una olla y cubrir con agua. Llevar a ebullición para que las manitas desprendan posibles restos de suciedad. Una vez arranque el hervor, pasar la malla a otra olla. Añadir las cebollas, previamente claveteadas*, las zanahorias y el laurel. Cubrir con agua de nuevo y cocer a fuego lento durante 6 horas. Transcurrido este tiempo, extraer las manitas y deshuesar en caliente. Con ayuda de papel film, formar rulos** ejerciendo presión y semicongelar. Laminar a 2,5 cm de grosor y, justo en el momento del pase, sellar cada porción resultante por ambos lados de piel.
**Insertar los 15 clavos de olor en el kg de cebollas.*
***Al deshuesar una manita cortada por la mitad se obtienen dos piezas o caras. Cada rulo se formará con una manita superponiendo así esas dos piezas resultantes por su lado interior (la piel quedará hacia fuera). Terminar enrollando la pieza sobre sí misma con ayuda de papel film.*

TARTAR DE GAMBA

c.s. de gamba blanca de Málaga, c.s. de ralladura de limón, c.s. de sal, c.s. de aceite de oliva virgen extra.
Descascarillar y eviscerar las gambas. Cortar a modo de tartar y aliñar con el resto de ingredientes. Dejar reposar durante 1 hora en cámara antes de emplear en el momento del pase.
Nota: *Se emplean tres gambas por ración/comensal.*

GEL DE PERA

500 g de pera, 85 g de mantequilla en dados, ½ rama de canela, 1,5 g de xantana.
Pelar y descorazonar las peras. Cortar en mirepoix e introducir en una bolsa de vacío. Agregar la mantequilla y la canela, y envasar al 100 %. Cocinar en Roner a 75 ºC durante 3 horas. Transcurrido este tiempo, abrir la bolsa y desechar la rama de canela. Triturar el resto de su contenido en caliente con la túrmix. Texturizar con la xantana y colar por un chino. Reservar en una manga en cámara hasta el momento del pase.

CHALOTA ENCURTIDA

5 chalotas, 50 g de vinagre de manzana, 200 g de agua, 5 g de sal.
Pelar y laminar las chalotas finamente.
Por otro lado, introducir todos los ingredientes, excepto las chalotas, en un cazo. Llevar a ebullición. Una vez arranque el hervor, retirar del fuego y sumergir las chalotas. Tapar y dejar encurtir a temperatura ambiente durante un mínimo de 2 horas. Reservar hasta el momento del pase.

ACABADO

c.s. de microbrote de zanahoria.
Situar una porción de guiso de manitas (recién sellada por ambos lados) en el centro de un plato hondo. Disponer una cucharada de tartar de gamba encima. Coronar este último con láminas de chalota encurtida y microbrotes de zanahoria. Dosificar tres puntos de gel de pera al lado del tartar y terminar vertiendo gazpachuelo de montaña alrededor del guiso.

Caza.
Luis Lera.
Legumbre.

Hunting.
Luis Lera.
Legume.

pichón y lenteja beluga
pigeon and beluga lentils

pigeon and beluga lentils

ROAST PIGEON BREAST

1 matured pigeon breast*, salt (as needed), freshly ground black pepper (as needed), extra virgin olive oil (as needed).
**Hanged in the walk-in fridge at 3 ºC for 15 days.*
Just at the moment of the pass, season with salt and pepper and add a few drops of oil on the breast. Roast on the skin side in the Josper at 300 ºC for 2 minutes. Next, leave to cool and cook for a further 1 minute.

PIGEON JUICE

Carcass and bones of 2 pigeons, 1 tomato, 1 carrot, ½ leek, 2 onions, 500 g red wine, water (as needed), extra virgin olive oil (as needed), butter (as needed).
Place the tomato, carrot, leek and one of the onions in a stockpot*. Roast with a little extra virgin olive oil and add the pigeon bones, previously roasted in the oven at 145 ºC for 30 minutes. Cover with water and bring to the boil. Once it comes to the boil, simmer for 48 hours. After this time, strain. Leave the resulting broth to cool and skim off the fat.
On the other hand, cut the remaining onion in julienne and place in a saucepan. Pour in the red wine and allow to reduce until completely evaporated. Add the previous skimmed broth little by little and reduce by 60 % of the initial weight. Strain through a chinois and texturise with a little butter. Set aside until the moment of the pass.
**The vegetables are used roughly chopped.*

LENTIL STEW

200 g Beluga lentils, 150 g onion in brunoise, 30 g garlic in brunoise, 170 g finely sliced carrot, extra virgin olive oil (as needed), water (as needed), salt (as needed).
Heat oil in a frying pan. Sauté the onion and garlic. Add the carrot and lentils and cover with water. Add a pinch of salt and bring to the boil. Once it comes to the boil, cook the lentils until they have absorbed all the water and are *al dente*. Leave to cool and set aside until the moment of the pass.

PARSNIP CREAM

500 g parsnips, 140 g butter, 1 g xanthan, water (as needed), salt (as needed).
Peel the parsnips and place in a saucepan. Cover with water and bring to the boil. Once it comes to the boil, cook until tender. Transfer the cooked parsnip to the Thermomix with the butter, xanthan and a little salt. Blend quickly while the parsnips are still warm to help the butter melt. Once the mixture is emulsified, strain through a chinois and reserve the resulting cream in a piping bag until the moment of the pass.

ASSEMBLY

6 shimeji mushrooms*, 4 slices of black truffle, coarse salt (as needed).
**Trimmed and cleaned of any possible traces of soil.*
Draw a circle with parsnip cream on a plate. Place a spoonful of lentil stew in the centre and season with pigeon juice around it. Place a freshly seared pigeon breast on top of the lentils and season with coarse salt. Finish by placing the mushrooms and truffle on top.

pichón y lenteja beluga

PECHUGA DE PICHÓN ASADA

1 pechuga de pichón madurado*, c.s. de sal, c.s. de pimienta negra recién molida, c.s. de aceite de oliva virgen extra.

**Colgado en cámara a 3 ºC durante 15 días.*

Justo en el momento del pase, salpimentar y agregar unas gotas de aceite sobre la pechuga. Asar por el lado de la piel en el Josper a 300 ºC durante 2 minutos. Acto seguido, dejar atemperar y cocinar durante 1 minuto más.

JUGO DE PICHÓN

Carcasa y huesos de 2 pichones, 1 tomate, 1 zanahoria, ½ puerro, 2 cebollas, 500 g de vino tinto, c.s. de agua, c.s. de aceite de oliva virgen extra, c.s. de mantequilla.

Introducir el tomate, la zanahoria, el puerro y una de las cebollas en una marmita*. Rustir con un poco de aceite de oliva virgen extra e incorporar los huesos de pichón, previamente tostados en el horno a 145 ºC durante 30 minutos. Cubrir con agua y llevar a ebullición. Una vez arranque el hervor, cocer a fuego mínimo durante 48 horas. Transcurrido este tiempo, colar. Dejar enfriar el caldo resultante y desgrasar.

Por otro lado, cortar la cebolla restante en juliana y disponer en un cazo. Verter el vino tinto y dejar reducir hasta evaporar por completo. Agregar el caldo desgrasado anterior poco a poco y reducir un 60 % del peso inicial. Colar por un chino y texturizar con un poco de mantequilla. Reservar hasta el momento del pase.

**Las verduras se emplean cortadas grosso modo.*

GUISO DE LENTEJAS

200 g de lenteja Beluga, 150 g de cebolla en brunoise, 30 g de ajo en brunoise, 170 g de zanahoria laminada finamente, c.s. de aceite de oliva virgen extra, c.s. de agua, c.s. de sal.

Calentar aceite en una sartén. Rehogar la cebolla y el ajo. Añadir la zanahoria y las lentejas, y cubrir con agua. Agregar una pizca de sal y llevar a ebullición. Una vez arranque el hervor, guisar las lentejas hasta que hayan absorbido toda el agua y resulten al dente. Dejar enfriar y reservar hasta el momento del pase.

CREMA DE CHIRIVÍA

500 g de chirivía, 140 g de mantequilla en dados, 1 g de xantana, c.s. de agua, c.s. de sal.

Pelar la chirivía e introducir en una olla. Cubrir con agua y llevar a ebullición. Una vez arranque el hervor, cocer hasta que resulte tierna. Pasar la chirivía cocida a la Thermomix agregando la mantequilla, la xantana y un poco de sal. Triturar rápidamente con la chirivía aún caliente para facilitar que la mantequilla se funda. Una vez emulsionada la mezcla, pasar por un chino y reservar la crema resultante en una manga hasta el momento del pase.

ACABADO

6 setas shimeji*, 4 láminas de trufa negra, c.s. de sal gruesa.

**Cortadas y desprovistas de posibles restos de tierra.*

Dibujar un círculo con crema de chirivía en un plato. Disponer una cucharada de guiso de lentejas en el centro y salsear con jugo de pichón alrededor. Situar una pechuga de pichón recién asada encima de las lentejas y poner a punto de sal gruesa. Terminar depositando las setas y la trufa sobre el conjunto.

Paladar.
Revolución.
Miedo.

Palate.
Revolution.
Fear.

salmonete, ñoquis de curry y coliflor

red mullet, curry gnocchi and cauliflower

red mullet, curry gnocchi and cauliflower

RED MULLET

1 red mullet.
Remove the scales and deburr the red mullet. Fillet and de-bone. Reserve the loins until the moment of the pass.

CURRY GNOCCHI

500 g potato, 25 g curry, 2 garlic cloves, 2 cloves, 10 units of cardamom, 2 units of star anise, 1 cinnamon stick, 250 g milk, 250 g cream, 210 g yoghurt, 20 g gluconolactate, extra virgin olive oil (as needed), salt (as needed), alginate bath (as needed), water (as needed).
Place the potatoes, garlic and spices (cloves, cardamom, star anise and cinnamon) in a pot. Add a little oil and cover. Allow the potatoes to 'sweat' over a low heat, being very careful not to let them brown. Uncover and add both milk and cream. Continue cooking until the potatoes are tender. Remove from the heat and leave to cool to room temperature. Discard the spices and transfer the potatoes with the garlic to the Thermomix. Add the yoghurt, gluconolactate and curry and blend with the blender. Season to taste with salt and place in a piping bag. Leave to rest and, with the help of scissors, pipe the gnocchi in the alginate bath. Leave to set for 5 minutes. Then, remove and rinse with water. Store in an airtight container* until the moment of the pass.
**With a cold, strained infusion of water with curry, cloves, cardamom and cinnamon stick.*

CREAMY CAULIFLOWER

500 g cauliflower, 140 g butter, 0.5 g xanthan, water (as needed), salt (as needed).
Place the cauliflower in a pot and cover with water. Bring to the boil. Once it comes to the boil, cook until tender. Transfer the cooked cauliflower to the Thermomix with the butter, xanthan and a little salt. Triturate quickly while the cauliflower is still warm to help the butter melt. Once the mixture is emulsified, strain through a chinois and reserve the resulting cream in a piping bag until the moment of the pass.

CAULIFLOWER COUSCOUS

1 cauliflower without stalk, lemon juice (as needed), lemon zest (as needed), salt (as needed).
Just at the moment of the pass, grate the cauliflower and season with the rest of the ingredients.

FISH SAUCE

2 kg sea bass bone, 350 g tomato in mirepoix, 400 g onion in mirepoix, 250 g carrot in mirepoix, water (as needed), butter (as needed).
Arrange the sea bass bones and vegetables on a tray and place in the oven. Toast at 180 ºC for 18 minutes. Then, transfer to a saucepan and cover with water. Bring to the boil. Once it comes to the boil, simmer for 6 hours. After this time, strain and cool the resulting broth. Skim off the fat and reduce by 60 % of the initial weight. Texturise with a little butter and set aside in a baby bottle until the moment of the pass.

GARLIC AND PARSLEY OIL

300 g extra virgin olive oil, 10 g garlic, 60 g parsley, 2 g salt, 15 g lemon juice.
Place all the ingredients in the Thermomix and blend on speed 10 for 4 minutes. Then, strain through a chinois and reserve the resulting oil in a baby bottle until the moment of the pass.

ASSEMBLY

4 rocket sprouts, salt (as needed), extra virgin olive oil (as needed), flaked salt (as needed).
Season a red mullet loin with a little salt and a few drops of oil. Cook in a salamander and cut in half.
On the other side, and with the help of a turntable, draw a spiral with cauliflower cream on a plate. Arrange cauliflower couscous in the centre and place a half of the red mullet loin on top. Season the fish with flaked salt. Fill half of one of the intermediate circles of the spiral with fish sauce and next, fill the same circle with garlic and parsley oil. Place four curry gnocchi around it and crown with rocket sprouts.

salmonete, ñoquis de curry y coliflor

SALMONETE

1 salmonete.
Desescamar y desbarbar el salmonete. Filetear y desespinar. Reservar los lomos hasta el momento del pase.

ÑOQUIS DE CURRY

500 g de patata, 25 g de curry, 2 dientes de ajo, 2 clavos de olor, 10 unidades de cardamomo, 2 unidades de anís estrellado, 1 rama de canela, 250 g de leche, 250 g de nata, 210 g de yogur, 20 g de gluconolactato, c.s. de aceite de oliva virgen extra, c.s. de sal, c.s. de baño de alginato, c.s. de agua.
Disponer las patatas, el ajo y las especias (clavo de olor, cardamomo, anís estrellado y canela) en una olla. Agregar un poco de aceite y tapar. 'Dejar sudar' las patatas a fuego lento con sumo cuidado de que no adquieran color. Destapar y agregar tanto la leche como la nata. Seguir cocinando hasta que las patatas resulten tiernas. Retirar del fuego y dejar enfriar a temperatura ambiente. Desechar las especias y pasar las patatas con el ajo a la Thermomix. Añadir el yogur, el gluconolactato y el curry, y triturar con la túrmix. Poner a punto de sal e introducir en una manga. Dejar reposar y, con ayuda de unas tijeras, escudillar ñoquis en el baño de alginato. Dejar gelificar durante 5 minutos. A continuación, extraer y limpiar con agua. Reservar en un recipiente hermético* hasta el momento del pase.
Con una infusión fría y colada de agua con curry, clavo de olor, cardamomo y canela en rama.

CREMOSO DE COLIFLOR

500 g de coliflor, 140 g de mantequilla en dados, 0,5 g de xantana, c.s. de agua, c.s. de sal.
Introducir la coliflor en una olla y cubrir con agua. Llevar a ebullición. Una vez arranque el hervor, cocer hasta que resulte tierna. Pasar la coliflor cocida a la Thermomix agregando la mantequilla, la xantana y un poco de sal. Triturar rápidamente con la coliflor aún caliente para facilitar que la mantequilla se funda. Una vez emulsionada la mezcla, pasar por un chino y reservar la crema resultante en una manga hasta el momento del pase.

CUSCÚS DE COLIFLOR

1 coliflor sin tallo, c.s. de zumo de limón, c.s. de ralladura de limón, c.s. de sal.
Justo en el momento del pase, rallar la coliflor y aderezar con el resto de ingredientes.

SALSA DE PESCADO

2 kg de espina de lubina, 350 g de tomate en mirepoix, 400 g de cebolla en mirepoix, 250 g de zanahoria en mirepoix, c.s. de agua, c.s. de mantequilla.
Disponer las espinas de lubina y las verduras en una bandeja, e introducir en el horno. Tostar a 180 ºC durante 18 minutos. A continuación, pasar a una olla y cubrir con agua. Llevar a ebullición. Una vez arranque el hervor, cocer a fuego lento durante 6 horas. Transcurrido este tiempo, colar y enfriar el caldo resultante. Desgrasar y reducir un 60 % del peso inicial. Texturizar con un poco de mantequilla y reservar en un biberón hasta el momento del pase.

ACEITE DE AJO Y PEREJIL

300 g de aceite de oliva virgen extra, 10 g de ajo, 60 g de perejil, 2 g de sal, 15 g de zumo de limón.
Introducir todos los ingredientes en la Thermomix y triturar a velocidad 10 durante 4 minutos. A continuación, colar por un chino y reservar el aceite resultante en un biberón hasta el momento del pase.

ACABADO

4 brotes de rúcula, c.s. de sal, c.s. de aceite de oliva virgen extra, c.s. de sal en escamas.
Aderezar un lomo de salmonete con un poco de sal y unas gotas de aceite. Cocinar en una salamandra y cortar por la mitad.
Por otro lado, y con ayuda de un tocadiscos, dibujar una espiral con cremoso de coliflor en un plato. Disponer cuscús de coliflor en el centro de ésta y situar una mitad de lomo de salmonete encima. Poner el pescado a punto de sal en escamas. Rellenar la mitad de uno de los círculos intermedios de la espiral con salsa de pescado y, acto seguido, terminar de completar ese mismo círculo con aceite de ajo y perejil. Depositar cuatro ñoquis de curry alrededor y coronar con los brotes de rúcula.

1998.
Clásico.
Impás.

1998.
Classic.
Impasse.

ajoblanco, granizado de tinto y pieles cítricas

ajoblanco, red wine and citrus peels granita

ajoblanco, red wine and citrus peels granita

AJOBLANCO *

** Is a cold almond soup, known as the 'white gazpacho' and typical of Andalucian gastronomy.*

400 g peeled raw almonds, 1.2 l water, 60 g extra virgin olive oil, 110 g sunflower oil, 10 g garlic, 70 g vinegar, 20 g salt.

Place the almonds, 600 g of water, both oils and the garlic in the Thermomix. Blend at maximum speed for 8 minutes. Then, add the remaining 600 g of water, the vinegar and salt, and stir to integrate the whole. Store in the walk-in fridge until the moment of the pass.

RED WINE GRANITA

300 g red wine, 250 g water, 100 g sugar, 1 cinnamon stick, 7 g orange peel, 7 g lemon peel, 1 opened and scraped vanilla pod.

Bring all the ingredients, except the red wine, to the boil. Once it comes to the boil, remove from the heat and leave to infuse until cool. Strain and mix with the red wine. Freeze and, just at the moment of the pass, scrape with a fork to obtain a granita.

CANDIED CITRUS PEEL

Lime peel (as needed), lemon peel (as needed), grapefruit peel (as needed), water (as needed), 1 to 1 syrup (as needed).

Cut the peels of the three citrus fruits, previously stripped of albedo, into fine julienne. Blanch in boiling water up to three times. Next, drain and stop the cooking in ice water. Immerse in the syrup and bring to the boil. Once it comes to the boil, remove from the heat and leave to cool. Keep in the same syrup until the moment of the pass.

ASSEMBLY

Place candied citrus peel in the centre of a deep dish and cover with a spoonful of red wine granita. In the dining room and in front of the diner, pour cold *ajoblanco* around it.

ajoblanco, granizado de tinto y pieles cítricas

AJOBLANCO

400 g de almendra cruda pelada, 1,2 l de agua, 60 g de aceite de oliva virgen extra, 110 g de aceite de girasol, 10 g de ajo, 70 g de vinagre, 20 g de sal.
Introducir las almendras, 600 g del agua, ambos aceites y el ajo en la Thermomix. Triturar a máxima velocidad durante 8 minutos. A continuación, agregar los 600 g restantes de agua, el vinagre y la sal, y varillar para integrar el conjunto. Reservar en cámara hasta el momento del pase.

GRANIZADO DE VINO TINTO

300 g de vino tinto, 250 g de agua, 100 g de azúcar, 1 rama de canela, 7 g de piel de naranja, 7 g de piel de limón, 1 vaina de vainilla abierta y raspada.
Llevar todos los ingredientes, excepto el vino tinto, a ebullición. Una vez arranque el hervor, retirar del fuego y dejar infusionar hasta enfriar. Colar y mezclar con el vino tinto. Congelar y, justo en el momento del pase, raspar con un tenedor para obtener un granizado.

PIELES CÍTRICAS CONFITADAS

c.s. de piel de lima, c.s. de piel de limón, c.s. de piel de pomelo, c.s. de agua, c.s. de almíbar TPT.
Cortar las pieles, previamente desprovistas de albedo, de los tres cítricos en juliana fina. Escaldar en agua hirviendo hasta tres veces. Acto seguido, escurrir y cortar la cocción en agua con hielo. Sumergir en el almíbar y llevar a ebullición. Una vez arranque el hervor, retirar del fuego y dejar enfriar. Reservar en el mismo almíbar hasta el momento del pase.

ACABADO

Disponer pieles cítricas confitadas en el centro de un plato hondo y cubrir con una cucharada de granizado de vino tinto. En sala y ante el comensal, verter ajoblanco frío alrededor.

Versión
número 51
Ajoblanco.

*Version
number 51
Ajoblanco.*

ajoremolacha

garlicbeet

garlicbeet

AJOBLANCO *

** Is a cold almond soup, known as the 'white gazpacho' and typical of Andalucian gastronomy.*

400 g peeled raw almonds, 1.2 l water, 60 g extra virgin olive oil, 110 g sunflower oil, 10 g garlic, 70 g vinegar, 20 g salt.

Place the almonds, 600 g of water, both oils and the garlic in the Thermomix. Blend at maximum speed for 8 minutes. Then, add the remaining 600 g of water, the vinegar and salt, and stir to combine. Store in the walk-in fridge until the moment of the pass.

SALTED BEETROOT PUREE

3 beetroots, 1 kg coarse salt, water (as needed).

Prepare a base of coarse salt on a tray. Arrange the beets on top and cover with more salt. Bake at 180 ºC for 90 minutes. After this time, remove the beetroots and wash with water. Peel and, while still hot, place in the Thermomix. Blend and reserve the resulting puree until the moment of the pass.

CURED SCALLOP TARTAR

Scallop meat (as needed), salt (as needed), sugar (as needed),10 % brine (as needed).

Coat the scallops with a 1 to 1 mixture of salt and sugar and leave to cure in the walk-in fridge for 15-20 minutes. Then, remove the scallops and wash them in the brine. Just at the moment of the pass, finely chop as a tartar.

ASSEMBLY

1 amaranth shoot.

Brush the inside of a scallop shell with salted beetroot puree. Place a quenelle of cured scallop tartar on top and crown with an amaranth shoot. In the dining room and in front of the diner, finish by pouring cold *ajoblanco* around the tartar.

ajoremolacha

AJOBLANCO

400 g de almendra cruda pelada, 1,2 l de agua, 60 g de aceite de oliva virgen extra, 110 g de aceite de girasol, 10 g de ajo, 70 g de vinagre, 20 g de sal.
Introducir las almendras, 600 g del agua, ambos aceites y el ajo en la Thermomix. Triturar a máxima velocidad durante 8 minutos. A continuación, agregar los 600 g restantes de agua, el vinagre y la sal, y varillar para integrar el conjunto. Reservar en cámara hasta el momento del pase.

PURÉ DE REMOLACHA A LA SAL

3 remolachas, 1 kg de sal gruesa, c.s. de agua.
Preparar una base de sal gruesa en una bandeja. Disponer las remolachas encima y cubrir con más sal. Hornear a 180 °C durante 90 minutos. Transcurrido este tiempo, extraer las remolachas y lavar con agua. Pelar y, acto seguido, introducir aún en caliente en la Thermomix. Triturar y reservar el puré resultante hasta el momento del pase.

TARTAR DE VIEIRA CURADA

c.s. de carne de vieira, c.s. de sal, c.s. de azúcar, c.s. de salmuera al 10 %.
Cubrir las vieiras con una mezcla TPT de sal y azúcar, y dejar curar en cámara durante 15-20 minutos. A continuación, extraer las vieiras y lavar con salmuera. Justo en el momento del pase, picar finamente a modo de tartar.

ACABADO

1 brote de amaranto.
Pintar el interior de una concha de vieira con puré de remolacha a la sal. Situar una quenelle de tartar de vieira curada encima y coronar con un brote de amaranto. En sala y ante el comensal, terminar vertiendo ajoblanco frío alrededor del tartar.

Antequera.
Tradición.
Interior.

Antequera.
Tradition.
Interior.

porra, sardina ahumada y mostaza
porra, smoked sardine and mustard

*porra**, smoked sardine and mustard

**Spanish chilled tomato soup.*

PORRA

1.2 kg peeled Plum tomato, 200 g breadcrumbs, 110 g extra virgin olive oil, 1 garlic clove, 6 g salt, 3 g vinegar.
Place all the ingredients in the Thermomix and blend on speed 10 for 8 minutes. Then, strain through a chinois and store in the walk-in fridge until the moment of the pass.

SMOKED SARDINES

Fresh sardine (as needed), water (as needed), extra virgin olive oil (as needed).
Remove the scales from the sardines and de-bone the sardines. Fillet and immerse in a plastic container* with cold water. Leave to bleed for 1 hour. After this time, remove and dry on absorbent paper. Arrange in a perforated Gastronorm and film. Place on another deep tray with lit wood and leave to smoke cold for 30 minutes. Then, remove the sardine fillets and blowtorch the skin. Portion** and keep in an airtight container with oil until the moment of the pass.
**It is important that it is not metallic, as the sardine could blacken and rust.*
***Reserve the trimmings to make a pâté afterwards.*

SMOKED SARDINE PÂTÉ

245 g smoked sardine trimmings, 130 g chopped onion, 90 g butter, 150 g cream, freshly ground black pepper (as needed).
Poach the onion in the butter. Add the sardines, cream and pepper and cook for 5 minutes. Then, transfer the mixture to the Thermomix and blend until a fine, homogeneous paste is obtained. Strain through a chinois and leave to rest in the walk-in fridge for at least 12 hours. Reserve in a piping bag until the moment of the pass.

PICKLED MUSTARD

50 g mustard seeds, 100 g water, 25 g white wine vinegar, salt (as needed).
Place the mustard seeds, water and vinegar in a saucepan. Add salt and bring to the boil. Once it comes to the boil, cook until the mustard is tender and has absorbed the liquid. Set aside in an airtight container until the moment of the pass.

HONEY MUSTARD YOGHURT

200 g Greek yoghurt, 25 g blossom honey, 20 g Dijon mustard.
Mix all the ingredients together when cold and set aside in a piping bag until the moment of the pass.

CHERRY TOMATO CONFIT

Cherry tomatoes without stalk (as needed), extra virgin olive oil (as needed).
Place the tomatoes, previously washed, in a deep Gastronrom and cover with oil. Place in the oven and confit at 90 ºC for 45 minutes. After this time, leave to cool. Remove and drain the tomatoes. Peel and cut into quarters. Set aside until the moment of the pass.

PICKLED CUCUMBER

10 g salt, 350 g water, 100 g wine vinegar, Dutch cucumber (as needed).
Mix the water with the salt and vinegar in a bowl.
On the other hand, cut the cucumber lengthwise and slice thinly with a mandolin. Soak in the mixture and leave to pickle for 30 minutes. Then, remove the cucumber slices and drain. Roll each cucumber slice up and set aside until the moment of the pass.

ASSEMBLY

4 slices of radish, micro-cilantro (as needed).
Form a circle by arranging the following elements on a plate: four dots of smoked sardine pâté, four rolls of pickled cucumber, eight dots of honey-mustard yoghurt and four quarters of Cherry tomato confit. Top the pâté dots with a portion of smoked sardine fillet and crown each with a little pickled mustard. Finish by arranging the radish slices and micro-cilantro on top. In the dining room and in front of the diner, serve cold *porra* in the centre of the circle with the help of a jug.

porra, sardina ahumada y mostaza

PORRA

1,2 kg de tomate Pera pelado, 200 g de miga de pan, 110 g de aceite de oliva virgen extra, 1 diente de ajo, 6 g de sal, 3 g de vinagre.
Introducir todos los ingredientes en la Thermomix y triturar a velocidad 10 durante 8 minutos. A continuación, colar por un chino y reservar en cámara hasta el momento de pase.

SARDINA AHUMADA

c.s. de sardina fresca, c.s. de agua, c.s. de aceite de oliva virgen extra.
Desescamar y desespinar las sardinas. Filetear y sumergir en un recipiente de plástico* con agua fría. Dejar desangrar durante 1 hora. Transcurrido este tiempo, extraer y secar sobre papel absorbente. Disponer en una Gastronorm perforada y filmar. Situar sobre otra bandeja honda con madera prendida y dejar ahumar en frío durante 30 minutos. A continuación, extraer los filetes de sardina y sopletear su piel. Porcionar** y reservar en un recipiente hermético con aceite hasta el momento del pase.
**Es importante que éste no sea metálico, pues la sardina podría ennegrecerse y oxidarse.*
***Reservar los recortes para elaborar un paté a continuación.*

PATÉ DE SARDINA AHUMADA

245 g de recortes de sardina ahumada, 130 g de cebolla troceada, 90 g de mantequilla, 150 g de nata, c.s. de pimienta negra recién molida.
Pochar la cebolla en la mantequilla. Agregar la sardina, la nata y la pimienta, y cocinar durante 5 minutos. A continuación, pasar el conjunto a la Thermomix y triturar hasta obtener una pasta fina y homogénea. Colar por un chino y dejar reposar en cámara durante un mínimo de 12 horas. Reservar en una manga hasta el momento del pase.

MOSTAZA ENCURTIDA

50 g de mostaza en grano, 100 g de agua, 25 g de vinagre de vino blanco, c.s. de sal.
Introducir los granos de mostaza, el agua y el vinagre en un cazo. Poner a punto de sal y llevar a ebullición. Una vez arranque el hervor, cocer hasta que la mostaza resulte tierna y haya absorbido el líquido. Reservar en un recipiente hermético hasta el momento del pase.

YOGUR DE MIEL Y MOSTAZA

200 g de yogur griego, 25 g de miel de flores, 20 g de mostaza de Dijon.
Mezclar todos los ingredientes en frío y reservar en una manga hasta el momento del pase.

CHERRY CONFITADO

c.s. de tomate Cherry sin pedúnculo, c.s. de aceite de oliva virgen extra.
Disponer los tomates, previamente lavados, en una Gastronorm honda y cubrir con aceite. Introducir en el horno y confitar a 90 ºC durante 45 minutos. Transcurrido este tiempo, dejar enfriar. Extraer y escurrir los tomates. Pelar y cortar en cuartos. Reservar hasta el momento del pase.

PEPINO ENCURTIDO

10 g de sal, 350 g de agua, 100 g de vinagre de vino, c.s. de pepino holandés.
Mezclar el agua con la sal y el vinagre en un recipiente.
Por otro lado, cortar el pepino longitudinalmente y laminar finamente con una mandolina. Sumergir en la mezcla anterior y dejar encurtir durante 30 minutos. A continuación, extraer las láminas de pepino y escurrir. Enrollar cada una de éstas sobre sí misma y reservar hasta el momento del pase.

ACABADO

4 láminas de rabanito, c.s. de microcilantro.
Formar un círculo intercalando los siguientes elementos en un plato: cuatro puntos de paté de sardina ahumada, cuatro rulos de pepino encurtido, ocho puntos de yogur de miel y mostaza, y cuatro cuartos de tomate Cherry confitado. Cubrir los puntos de paté con una porción de filete de sardina ahumada y coronar cada una con un poco de mostaza encurtida. Terminar disponiendo las láminas de rabanito y el microcilantro sobre el conjunto. En sala y ante el comensal, servir porra fría en el centro del círculo con una jarra.

Homenaje.
Horcher.
Evolución.

Tribute.
Horcher.
Evolution.

arenque, nata, eneldo y manzana
herring, cream, dill and apple

herring, cream, dill and apple

MARINATED HERRING

10 herrings, 90 g onion, 40 g vinegar, 25 g sugar, 5 g salt, water (as needed).
Fillet and de-bone the herring. Remove the outermost skin and immerse in an ice-water bath. Leave to bleed for 1 hour.
On the other hand, prepare a marinade by mixing 500 g of water with the onion, vinegar, sugar and salt. Add the herring fillets and leave to marinate for 72 hours. After this time, remove and drain. Trim the fillets and cut each fillet into four uniform pieces. Set aside until the moment of the pass.

CHOPPED APPLE

250 g Granny Smith apple, 15 g lemon juice, 35 g cooked tapioca pearls.
Peel and core the apples. Cut into brunoise and mix with the rest of the ingredients. Set aside until the moment of the pass.

ASSEMBLY

Cream (as needed), fresh dill (as needed), red onion in julienne (as needed), freshly ground black pepper (as needed).
Semi-whip the cream by hand.
On the other side, line up the four pieces of a marinated herring fillet on a long plate. Arrange chopped apple and red onion in julienne on top. Top with semi-whipped cream and crown with dill leaves and black pepper.

arenque, nata, eneldo y manzana

ARENQUE MARINADO

10 arenques, 90 g de cebolla, 40 g de vinagre, 25 g de azúcar, 5 g de sal, c.s. de agua.
Filetear y desespinar los arenques. Retirar su piel más superficial e introducir en un baño con agua y hielo. Dejar desangrar durante 1 hora.
Por otro lado, preparar una marinada mezclando 500 g de agua con la cebolla, el vinagre, el azúcar y la sal. Sumergir los filetes de arenque y dejar marinar durante 72 horas. Transcurrido este tiempo, extraer y escurrir. Perfilar los filetes y cortar cada uno en cuatro trozos uniformes. Reservar hasta el momento del pase.

PICADA DE MANZANA

250 g de manzana Granny Smith, 15 g de zumo de limón, 35 g de perla de tapioca cocida.
Pelar y descorazonar las manzanas. Cortar en brunoise y mezclar con el resto de ingredientes. Reservar hasta el momento del pase.

ACABADO

c.s. de nata, c.s. de eneldo fresco, c.s. de cebolla morada en juliana, c.s. de pimienta negra recién molida.
Semimontar la nata manualmente.
Por otro lado, alinear los cuatro trozos de un filete de arenque marinado en un plato alargado. Disponer picada de manzana y juliana de cebolla morada encima. Cubrir la parte superior del conjunto con nata semimontada y coronar con hojas de eneldo y pimienta negra.

Licuado.
Tierra.
Otoño.

Smoothie.
Earth.
Autumn.

arroz de remolacha
beetroot rice

beetroot rice

PRE-SEARED RICE

450 g Carnaroli rice, 100 g extra virgin olive oil, 20 g garlic, 225 g white wine, 680 g seafood broth.

Heat the oil in a saucepan and add the garlic, previously crushed. Sauté. Add the rice and brown. Pour in the white wine and allow to reduce until completely evaporated. While stirring the rice, add the seafood broth little by little. Once the broth has been absorbed, leave to cool and set aside until the moment of the pass.

ASSEMBLY

6 cubes of cooked beetroot of 1 cm on a side, hot seafood broth (as needed), beetroot juice (as needed), salt (as needed), butter in cubes of 2.5 cm on a side (as needed), grated Parmesan cheese (as needed).

Place 30 g of pre-seared rice in a saucepan. Add a little hot seafood broth* and bring to the boil. Once it comes to the boil, cook until the broth has evaporated completely. Add the diced beetroot and the beetroot juice, and continue cooking, stirring constantly. Once the rice is tinted, season with salt and remove from the heat. Then, add the butter and Parmesan cheese. Serve inside an empty beetroot.

**Just enough to slightly hydrate the rice and prevent it from sticking to the pan.*

arroz de remolacha

ARROZ PREMARCADO

450 g de arroz Carnaroli, 100 g de aceite de oliva virgen extra, 20 g de ajo, 225 g de vino blanco, 680 g de caldo de marisco.
Calentar el aceite en un cazo y agregar el ajo, previamente majado. Sofreír. Añadir el arroz y nacarar. Verter el vino blanco y dejar reducir hasta evaporar por completo. Sin dejar de remover el arroz, incorporar el caldo de marisco poco a poco. Una vez absorbido este último, dejar enfriar y reservar hasta el momento del pase.

ACABADO

6 dados de remolacha cocida de 1 cm de lado, c.s. de caldo de marisco caliente, c.s. de licuado de remolacha, c.s. de sal, c.s. de mantequilla en dados de 2,5 cm de lado, c.s. de queso Parmesano rallado.
Disponer 30 g de arroz premarcado en un cazo. Añadir un poco de caldo de marisco* caliente y llevar a ebullición. Una vez arranque el hervor, cocer hasta evaporar el caldo por completo. Incorporar los dados y el licuado de remolacha, y seguir cocinando sin dejar de remover el conjunto. Una vez teñido el arroz, poner a punto de sal y retirar del fuego. Acto seguido, mantecar con la mantequilla y el parmesano. Servir en el interior de una remolacha vacía.
**La cantidad suficiente para hidratar ligeramente el arroz y evitar que se adhiera al cazo.*

Belleza.
Vajillas
naturales.

*Beauty.
Natural
tableware.*

bogavante con puré de patata
lobster with mashed potatoes

lobster with mashed potatoes

COOKED LOBSTER

1 National lobster of 500 g, water (as needed), 3 % brine (as needed).
Bring water to the boil. Once it comes to the boil, immerse the lobster and cook for 7 minutes. Then, remove and stop the cooking in the brine with ice. Separate the head from the body and open the head. Clean thoroughly, reserving the coral to prepare a sauce afterwards. Also reserve the cleaned head for using at the moment of the pass as tableware.
On the other hand, shuck the claws and tail of the lobster and cut the meat into pieces. Set aside warm* until the moment of the pass.
**In an airtight container in a salamander at 40-50 ºC.*
Note: *Reserve two tablespoons of the lobster cooking water for the coral sauce.*

LOBSTER CORAL SAUCE

20 g cooked lobster head coral, 34 g lobster cooking water, 50 g cream, 50 g diced butter.
Bring the cream to the boil. Once it comes to the boil, add the coral and the lobster cooking water. Remove from the heat and blend with the blender. While continuing to blend, add the butter cubes until the mixture is whipped. Strain through a fine sieve and keep the resulting sauce warm to prevent it from being curdled* until the moment of the pass.
**Working it little by little in a blender at 65 ºC.*

MASHED POTATOES

100 g red potato, 15 g extra virgin olive oil, water (as needed), salt (as needed).
Place the potatoes, previously cracked, in a saucepan and cover with water. Add a little salt and bring to the boil. Once it comes to the boil, cook until tender. Remove and drain. Pass through a potato masher and, while still hot, add the oil. Mix with a rubber spatula. Keep warm* until the moment of the pass.
**Place in a container, film in contact and placed in the corner of the* coup de feu.

ASSEMBLY

5 small rocket leaves.
Serve three pieces of cooked lobster meat inside the lobster head. Place a spoonful of mashed potato on top and cover with lobster coral sauce. Finish by topping with rocket leaves.

bogavante con puré de patata

BOGAVANTE COCIDO

1 bogavante Nacional de 500 g, c.s. de agua, c.s. de salmuera al 3 %.
Llevar agua a ebullición. Una vez arranque el hervor, sumergir el bogavante y cocer durante 7 minutos. A continuación, extraer y cortar la cocción en salmuera con hielo. Separar la cabeza del cuerpo del bogavante y abrir la primera. Limpiar concienzucamente reservando el coral para elaborar una salsa a continuación. Reservar también la cabeza limpia para emplear en el momento del pase a modo de soporte.
Por otro lado, descascarillar las pinzas y la cola del bogavante, y trocear su carne. Reservar templada* hasta el momento del pase.
**En un recipiente hermético en una salamandra a 40-50 ºC.*
Nota: *Reservar dos cucharadas del agua resultante de la cocción del bogavante para la salsa de coral.*

SALSA DE CORAL DE BOGAVANTE

20 g de coral de cabeza de bogavante cocida, 34 g de agua de cocción del bogavante, 50 g de nata, 50 g de mantequilla en dados.
Llevar la nata a ebullición. Una vez arranque el hervor, incorporar el coral y el agua de cocción del bogavante. Retirar del fuego y triturar con la túrmix. Sin dejar de turbinar, agregar los dados de mantequilla hasta montar la mezcla. Pasar por un colador fino y reservar la salsa resultante templada para evitar que se corte* hasta el momento del pase.
**Trabajándola poco a poco en una batidora de vaso a 65 ºC.*

PURÉ DE PATATA

100 g de patata roja, 15 g de aceite de oliva virgen extra, c.s. de agua, c.s. de sal.
Introducir las patatas, previamente chascadas, en un cazo y cubrir con agua. Agregar un poco de sal y llevar a ebullición. Una vez arranque el hervor, cocer hasta que resulten tiernas. Extraer y escurrir. Pasar por un pasapurés y, aún en caliente, añadir el aceite. Mezclar con una espátula de goma. Reservar templado* hasta el momento del pase.
**Dentro de un recipiente, filmado a piel y situado en la esquina de la* coup de feu.

ACABADO

5 hojas de rúcula pequeñas.
Servir tres trozos de carne de bogavante cocido en el interior de su cabeza. Disponer una cucharada de puré de patata encima y napar con salsa de coral de bogavante. Terminar coronando el conjunto con las hojas de rúcula.

Clásico.
Angulas a
la bilbaína.

*Classic.
Bilbao-style
elvers.*

crêpes de angulas
elver crêpes

elver crêpes

CRÊPE

250 g milk, 90 g wheat flour, 1 egg, 2 egg yolks.
Put all the ingredients in a bowl and beat with a whisk until a homogeneous mixture is obtained. Leave to rest in the walk-in fridge for 2 hours.
On the other side, heat a non-stick frying pan. Drizzle the *crêpe* batter to cover the base of the pan and cook. Flip and cook through. Remove from the heat and cut out with a 16 cm diameter pastry cutter. Set aside until the moment of the pass.

SAUTÉED ELVERS

25 g elvers, 3 g sliced garlic, 1 small red chilli pepper, extra virgin olive oil (as needed), salt (as needed).
Just at the moment of the pass, heat the oil in a frying pan. Add the garlic and chilli and fry. Add the elvers and sauté off the heat. Season to taste with salt and serve immediately.

HOLLANDAISE

6 egg yolks, 15 g Oloroso Sherry wine, 500 g melted butter.
Just at the moment of the pass, mix the egg yolks and the wine, and heat in a bain-marie. While stirring the mixture, emulsify by pouring in the butter in a trickle.

ASSEMBLY

3 slices of fried garlic.
Fill a *crêpe* with 80 g of freshly sautéed elvers and place on a plate. Coat with hot hollandaise and finish with three slices of fried garlic.
Note: *The dish can be finished in this way, with a juicy coating, or the hollandaise can be toasted by blowtorching or grilling it in a salamander.*

crêpes de angulas

CRÊPE

250 g de leche, 90 g de harina de trigo, 1 huevo, 2 yemas.
Introducir todos los ingredientes en un bol y batir con unas varillas hasta obtener una mezcla homogénea. Dejar reposar en cámara durante 2 horas.
Por otro lado, calentar una sartén antiadherente. Dosificar la masa de *crêpe* anterior hasta cubrir su base y cocinar. Voltear y cocinar por completo. Retirar del fuego y troquelar con un cortapastas de 16 cm de diámetro. Reservar hasta el momento del pase.

ANGULAS SALTEADAS

25 g de angula, 3 g de ajo laminado, 1 guindilla roja pequeña, c.s. de aceite de oliva virgen extra, c.s. de sal.
Justo en el momento del pase, calentar el aceite en una sartén. Agregar el ajo y la guindilla, y sofreír. Incorporar las angulas y saltear fuera del fuego. Poner a punto de sal y servir de inmediato.

HOLANDESA

6 yemas, 15 g de Oloroso, 500 g de mantequilla fundida.
Justo en el momento del pase, mezclar las yemas y el vino, y calentar en un baño maría. Sin dejar de remover la mezcla, emulsionar vertiendo la mantequilla a hilo.

ACABADO

3 láminas de ajo frito.
Rellenar una *crêpe* con 80 g de angulas recién salteadas y situar en un plato. Napar con holandesa caliente y terminar recostando tres láminas de ajo frito.
Nota: *El plato puede terminarse así, con un napado jugoso, o bien, puede tostarse la holandesa sopleteándola o gratinándola en una salamandra.*

La Axarquía.
Pipirrana.
Chiringuito.

La Axarquia.
Pipirrana.
Beach bar.

gamba roja, puré de aguacate y espuma de pipirrana

red prawns, avocado puree and pipirrana foam

red prawns, avocado puree and pipirrana foam*

**Traditional Spanish summer salad.*

RED PRAWN

Red prawn (as needed), salt (as needed), freshly ground black pepper (as needed), extra virgin olive oil (as needed).
Shell the body of the prawns, reserving the legs for frying later on. Just at the moment of the pass, season the prawns with salt and pepper and brush lightly with oil. Heat in a salamander.

FRIED PRAWN LEGS

100 g deep frying flour, 60 g Trisol, red prawn legs (as needed), sunflower oil (as needed).
Flour the prawn legs in a mixture of flour and Trisol. Fry in sunflower oil at 200 °C. Remove and drain the legs thoroughly. Store in a warm cupboard until the moment of the pass.

AVOCADO PUREE

5 avocados, 3 g wasabi, 2 g fresh tarragon, 10 g lemon juice, extra virgin olive oil (as needed), salt (as needed), freshly ground black pepper (as needed).
Peel and pit the avocados. Brown the flesh in a frying pan with a little oil. Place in the Thermomix and add the wasabi, tarragon and lemon juice. Season with salt and pepper and mash. Pass through a chinois exerting pressure and set aside at room temperature until the moment of the pass.

PIPIRRANA FOAM

300 g red pepper, 300 g green pepper, 300 g yellow pepper, 150 g onion, 220 g tomato, 250 g Manzanilla wine, 8 g xanthan, 3 g salt, 1 g freshly ground black pepper, 1 gelatine leaf.
Chop the vegetables and place in the Thermomix. Add the wine, xanthan, salt and pepper and blend until a liquid mixture is obtained. Heat some of the mixture and dissolve the previously hydrated gelatine. Mix again with the remaining mixture and strain through a fine sieve. Place in a siphon with two charges and leave to rest in the walk-in fridge for 24 hours. Just at the moment of the pass, allow the siphon to temper.

ASSEMBLY

2 amaranth shoots, 3 coriander shoots, 1 marigold petal.
Place a ring in the centre of a plate and place a spoonful of mashed avocado inside. Spread out and remove the ring. Mark the puree by pressing with a spiral-shaped mould or stamp. Arrange a freshly tempered red prawn on top and the shoots and petal around it. Place some fried prawn legs on one side of the head and, in the dining room and in front of the diner, place some *pipirrana* foam on the opposite side.

gamba roja, puré de aguacate y espuma de pipirrana

GAMBA ROJA

c.s. de gamba roja, c.s. de sal, c.s. de pimienta negra recién molida, c.s. de aceite de oliva virgen extra.

Descascarillar el cuerpo de las gambas reservando sus patitas para freír más adelante. Justo en el momento del pase, salpimentar las gambas y pintar ligeramente con aceite. Atemperar en una salamandra.

PATAS DE GAMBA FRITAS

100 g de harina para fritura, 60 g de Trisol, c.s. de patas de gamba roja, c.s. de aceite de girasol.

Enharinar las patas de gamba en una mezcla de harina y Trisol. Freír en aceite de girasol a 200 °C. Extraer y escurrir concienzudamente. Reservar en un armario caliente hasta el momento del pase.

PURÉ DE AGUACATE

5 aguacates, 3 g de wasabi, 2 g de estragón fresco, 10 g de zumo de limón, c.s. de aceite de oliva virgen extra, c.s. de sal, c.s. de pimienta negra recién molida.

Pelar y deshuesar los aguacates. Dorar su pulpa en una sartén con un poco de aceite. Introducir en la Thermomix y agregar el wasabi, el estragón y el zumo de limón. Salpimentar y triturar. Pasar por un chino ejerciendo presión y reservar a temperatura ambiente hasta el momento del pase.

ESPUMA DE PIPIRRANA

300 g de pimiento rojo, 300 g de pimiento verde, 300 g de pimiento amarillo, 150 g de cebolla, 220 g de tomate, 250 g de Manzanilla, 8 g de xantana, 3 g de sal, 1 g de pimienta negra recién molida, 1 hoja de gelatina.

Trocear las verduras y disponer en la Thermomix. Agregar el vino, la xantana, la sal y la pimienta, y triturar hasta obtener una mezcla líquida. Calentar una parte de ésta y disolver la gelatina, previamente hidratada. Unir nuevamente con la mezcla restante y pasar por un colador fino. Introducir en un sifón con dos cargas de gas y dejar reposar en cámara durante 24 horas. Justo en el momento del pase, dejar atemperar el sifón.

ACABADO

2 brotes de amaranto, 3 brotes de cilantro, 1 pétalo de tagete.

Depositar un aro en el centro de un plato y dosificar una cucharada de puré de aguacate en su interior. Extender y retirar el aro. Marcar el puré ejerciendo presión con un molde o sello con forma de espiral. Disponer una gamba roja recién atemperada encima y los brotes y el pétalo alrededor. Situar unas patas de gamba fritas a un lado de su cabeza y, en sala y ante el comensal, escudillar espuma de pipirrana en el lado opuesto.

Salsa.
Sabor.
Clasicismo.

Sauce.
Flavor.
Classicism.

bacalao, beurre blanc y espinaca

cod, beurre blanc and spinach

cod, beurre blanc and spinach

COD CONFIT

1 loin of cod, extra virgin olive oil (as needed).
Portion the cod loin into 70-80 g pieces and place in a saucepan. Cover with oil and put the lid on. Arrange in the corner of the *coup de feu* and heat for 10-15 minutes*. Then, remove the cod and drain. Just at the moment of the pass, bake at 140 °C for a maximum of 1 minute.
**Until the core temperature of the product is 60 °C.*

BEURRE BLANC

50 g extra virgin olive oil, 200 g diced butter, 60 g shallot in brunoise, 100 g white wine, 50 g cream, 5 g lemon juice, 10 g Ricard aniseed liqueur, 2 g salt, 20 g cooked tapioca pearls.
Heat the oil and 100 g of the butter in a saucepan. Add the shallot and poach. Pour in the white wine and allow to reduce until completely evaporated. Add the cream and bring to the boil. Once it comes to the boil, add the remaining 100 g of butter little by little and emulsify with a whisk. Add the lemon juice and the liqueur to curdle the resulting *beurre blanc*. Season to taste with salt. Just at the moment of the pass, mix the sauce with the tapioca pearls and heat to 70 °C.

SPINACH GEL

300 g spinach, 9 g agar agar, 1 g xanthan, water (as needed), salt (as needed).
Bring water to the boil. Once it comes to the boil, blanch the spinach. Next, stop the cooking in ice water. Place both the spinach and 350 g of the water from cooking the spinach in the Thermomix. Add the agar agar, xanthan and a little salt, and triturate until 100 °C is reached. Spread on a tray and leave to set in the walk-in fridge. Triturate with a blender until a smooth, fine gel is obtained. Sieve and keep in a piping bag in the walk-in fridge until the moment of the pass.

ASSEMBLY

1 pea shoot.
Using a turntable, draw a circle with spinach gel on the inside edge of a deep plate. Place a portion of cod confit in the centre and coat one side with *beurre blanc* at 70 °C. Top the fish with a pea shoot.

bacalao, beurre blanc y espinaca

BACALAO CONFITADO

1 lomo de bacalao, c.s. de aceite de oliva virgen extra.
Porcionar el lomo de bacalao en trozos de 70-80 g e introducir en un cazo. Cubrir con aceite y tapar. Disponer en la esquina de la *coup de feu* y calentar durante 10-15 minutos*. A continuación, extraer el bacalao y escurrir. Justo en el momento del pase, hornear a 140 ºC durante un máximo de 1 minuto.
**Hasta que la temperatura a corazón de producto sea de 60 ºC.*

BEURRE BLANC

50 g de aceite de oliva virgen extra, 200 g de mantequilla en dados, 60 g de chalota en brunoise, 100 g de vino blanco, 50 g de nata, 5 g de zumo de limón, 10 g de licor de anís Ricard, 2 g de sal, 20 g de perla de tapioca cocida.
Calentar el aceite y 100 g de la mantequilla en un cazo. Agregar la chalota y pochar. Verter el vino blanco y dejar reducir hasta evaporar por completo. Incorporar la nata y llevar a ebullición. Una vez arranque el hervor, añadir los 100 g restantes de mantequilla poco a poco y emulsionando con unas varillas. Agregar el zumo de limón y el licor para cortar la *beurre blanc* resultante. Poner a punto de sal. Justo en el momento del pase, mezclar la salsa con las perlas de tapioca y calentar a 70 ºC.

GEL DE ESPINACA

300 g de espinaca, 9 g de agar agar, 1 g de xantana, c.s. de agua, c.s. de sal.
Llevar agua a ebullición. Una vez arranque el hervor, escaldar las espinacas. Acto seguido, cortar la cocción en agua con hielo. Introducir tanto las espinacas como 350 g del agua resultante de su cocción en la Thermomix. Agregar el agar agar, la xantana y un poco de sal, y triturar hasta alcanzar 100 ºC. Extender en una bandeja y dejar gelificar en cámara. Triturar con la túrmix hasta obtener un gel liso y fino. Tamizar y reservar en una manga en cámara hasta el momento del pase.

ACABADO

1 brote de guisante.
Con ayuda de un tocadiscos, dibujar un círculo con gel de espinaca en el borde interior de un plato hondo. Disponer una porción de bacalao confitado en el centro y napar uno de sus lados con *beurre blanc* a 70 ºC. Coronar el pescado con un brote de guisante.

Mar.
Montaña.
Radical.

Sea.
Mountain.
Radical.

chipirón relleno de morcilla con holandesa
baby squid stuffed with spanish black pudding with hollandaise sauce

baby squid stuffed with spanish black pudding with hollandaise sauce

SQUID STUFFED WITH SPANISH BLACK PUDDING

Baby squid (as needed), Ronda Spanish black pudding (as needed), extra virgin olive oil (as needed), shallot in fine brunoise (as needed), pine nuts (as needed), raisins (as needed), Oloroso Sherry wine (as needed).
Empty the baby squid without removing the surface skin.
On the other hand, heat oil in a pan and poach abundant shallots. Add the previously chopped black pudding and cook for a further 4-5 minutes, stirring constantly. Add pine nuts and raisins, and perfume with a little Oloroso Sherry wine. Once the alcohol has evaporated, leave the resulting mixture to cool and pour into a piping bag. Stuff the empty baby squid mantles and set aside until the moment of the pass.

HOLLANDAISE

6 egg yolks, 15 g Oloroso Sherry wine, 500 g melted butter.
Just at the moment of the pass, mix the egg yolks and the wine, and heat in a bain-marie. While stirring the mixture, emulsify by pouring in the butter in a trickle.

CORAL INK

15 g squid ink, 900 g fumet, 300 g sunflower oil, 100 g corn starch.
Triturate all the ingredients in a blender. Pour part of the resulting mixture into a very hot frying pan* and cook. Flip over and finish cooking. Reserve the ink coral in an airtight container until the moment of the pass.
**8-10 cm in diameter.*

ASSEMBLY

Extra virgin olive oil (as needed), salt (as needed), Oloroso Sherry wine (as needed).
Heat a frying pan with a few drops of oil and sear a baby squid stuffed with Spanish black pudding on both sides. Season with salt and deglaze with a few drops of Oloroso Sherry wine.
On the other side, place a large dollop of hollandaise on the side of a plate. Spread the baby squid on top and crown with a coral of its ink.

chipirón relleno de morcilla con holandesa

CHIPIRÓN RELLENO DE MORCILLA

c.s. de chipirón, c.s. de morcilla de Ronda, c.s. de aceite de oliva virgen extra, c.s. de chalota en brunoise fina, c.s. de piñón, c.s. de uva pasa, c.s. de Oloroso.
Vaciar los chipirones sin desproveerlos de su piel superficial.
Por otro lado, calentar aceite en una olla y pochar abundante chalota. Agregar la morcilla, previamente picada, y cocinar durante 4-5 minutos más sin dejar de remover. Añadir piñones y pasas, y perfumar vertiendo un poco de Oloroso. Una vez evaporado el alcohol, dejar enfriar la farsa resultante e introducir en una manga. Rellenar los mantos de chipirón vacíos y reservar hasta el momento del pase.

HOLANDESA

6 yemas, 15 g de Oloroso, 500 g de mantequilla fundida.
Justo en el momento del pase, mezclar las yemas y el vino, y calentar en un baño maría. Sin dejar de remover la mezcla, emulsionar vertiendo la mantequilla a hilo.

CORAL DE TINTA

15 g de tinta de chipirón, 900 g de fumet, 300 g de aceite de girasol, 100 g de almidón de maíz.
Triturar todos los ingredientes con la túrmix. Verter parte de la mezcla resultante sobre una sartén* muy caliente y dejar cocinar. Voltear y terminar de cocer. Reservar el coral de tinta (teja) en un recipiente hermético hasta el momento del pase.
**De 8-10 cm de diámetro.*

ACABADO

c.s. de aceite de oliva virgen extra, c.s. de sal, c.s. de Oloroso.
Calentar una sartén con unas gotas de aceite y marcar un chipirón relleno de morcilla por ambos lados. Poner a punto de sal y desglasar con unas gotas de Oloroso.
Por otro lado, dosificar un punto grande de holandesa en un plato. Estirar el chipirón encima y coronar con un coral de su tinta.

Concepto.
Técnica.
Producto.

Concept.
Technique.
Product.

san pedro asado y adobo suave

roasted john dory and mild marinade

roasted john dory and mild marinade

ROASTED JOHN DORY

1 John Dory fish, extra virgin olive oil (as needed), salt (as needed).
Deburr the John Dory and butterfly it open. Gut and de-bone. Portion both loins into pieces of 100 g each. Season with a little oil and salt, and sear on the skin side in a frying pan with oil. Just at the moment of the pass, roast in the Josper at 300 ºC for 90 seconds.

MILD MARINADE AIR

100 g white wine vinegar, 300 g water, 1 g black peppercorns, 1 g cloves, 1 g dried oregano, 3 g sweet La Vera paprika, 1 g ground cumin, 5 g salt, 3 dried bay leaves, 15 g soy lecithin.
Place all the ingredients in a saucepan and bring to the boil. Once it comes to the boil, remove from the heat and cover. Leave to infuse until cool. Strain and leave to rest in the walk-in fridge. Just at the moment of the pass, temper the mixture and introduce it into an aerator or foamer (Foam Kit).

SPINACH GEL

300 g spinach, 9 g agar agar, 1 g xanthan, water (as needed), salt (as needed).
Bring water to the boil. Once it comes to the boil, blanch the spinach. Next, stop the cooking in ice water. Place both the spinach and 350 g of the water from cooking it in the Thermomix. Add the agar agar, the xanthan and a little salt, and blend until it reaches 100 ºC. Spread on a tray and leave to set in the walk-in fridge. Triturate with a blender until a smooth, fine gel is obtained. Sieve and set aside at room temperature until the moment of the pass.

GARLIC EGGLESS MAYONNAISE

200 g milk, 1 garlic clove, 3 g salt, 480 g sunflower oil, juice of ½ lemon.
Triturate all the ingredients except the lemon juice in a blender. Stir in the lemon juice and set aside in a piping bag in the walk-in fridge until the moment of the pass.

CELERIAC CREAM

500 g celeriac, 150 g diced butter, 0.5 g xanthan, water (as needed), salt (as needed).
Peel the celeriac and place in a pot. Cover with water and bring to the boil. Once it comes to the boil, cook until tender. Transfer the cooked celeriac to the Thermomix with the butter, xanthan and a little salt. Triturate quickly while the celeriac is still warm to help the butter melt. Once the mixture is emulsified, strain through a chinois and reserve the resulting cream in a piping bag until the moment of the pass.

ASSEMBLY

6 leaves of microgreens, lemon zest (as needed).
Place a large dot of spinach gel in the centre of a plate and spread by pressing with a flat, smooth circular piece*. Drip dots of garlic eggless mayonnaise in the centre of the resulting pattern and top with a portion of freshly roasted John Dory. Pipe six dots of celeriac cream around the fish and crown each one with a leaf of microgreen. Place a spoonful of air of mild marinade on top of the John Dory and finish with lemon zest.
**Apply pressure with the back of a ladle, for example. This should be removed immediately to create a vacuum and thus form a relief pattern. Since no mould is used, there will never be two identical dishes.*

san pedro asado y adobo suave

SAN PEDRO ASADO

1 pez de San Pedro, c.s. de aceite de oliva virgen extra, c.s. de sal.
Desbarbar el San Pedro y abrir en mariposa. Eviscerar y desespinar. Porcionar ambos lomos en trozos de 100 g. Aderezar con un poco de aceite y sal, y marcar por el lado de la piel en una sartén con aceite. Justo en el momento del pase, asar en el Josper a 300 ºC durante 90 segundos.

AIRE DE ADOBO SUAVE

100 g de vinagre de vino blanco, 300 g de agua, 1 g de pimienta negra en grano, 1 g de clavo de olor, 1 g de orégano seco, 3 g de pimentón de La Vera dulce, 1 g de comino molido, 5 g de sal, 3 hojas de laurel secas, 15 g de lecitina de soja.
Introducir todos los ingredientes en un cazo y llevar a ebullición. Una vez arranque el hervor, retirar del fuego y tapar. Dejar infusionar hasta enfriar. Colar y dejar reposar en cámara. Justo en el momento del pase, atemperar la mezcla e introducir en un aireador o espumador (Foam Kit).

GEL DE ESPINACA

300 g de espinaca, 9 g de agar agar, 1 g de xantana, c.s. de agua, c.s. de sal.
Llevar agua a ebullición. Una vez arranque el hervor, escaldar las espinacas. Acto seguido, cortar la cocción en agua con hielo. Introducir tanto las espinacas como 350 g del agua resultante de su cocción en la Thermomix. Agregar el agar agar, la xantana y un poco de sal, y triturar hasta alcanzar 100 ºC. Extender en una bandeja y dejar gelificar en cámara. Triturar con la túrmix hasta obtener un gel liso y fino. Tamizar y reservar a temperatura ambiente hasta el momento del pase.

LACTONESA DE AJO

200 g de leche, 1 diente de ajo, 3 g de sal, 480 g de aceite de girasol, zumo de ½ limón.
Triturar todos los ingredientes, excepto el zumo de limón, con la túrmix. Incorporar el zumo de limón y reservar en una manga en cámara hasta el momento del pase.

CREMA DE APIONABO

500 g de apionabo, 150 g de mantequilla en dados, 0,5 g de xantana, c.s. de agua, c.s. de sal.
Pelar el apionabo e introducir en una olla. Cubrir con agua y llevar a ebullición. Una vez arranque el hervor, cocer hasta que resulte tierno. Pasar el apionabo cocido a la Thermomix agregando la mantequilla, la xantana y un poco de sal. Triturar rápidamente con el apionabo aún caliente para facilitar que la mantequilla se funda. Una vez emulsionada la mezcla, pasar por un chino y reservar la crema resultante en una manga hasta el momento del pase.

ACABADO

6 hojas de microacedera, c.s. de ralladura de limón.
Dosificar un punto grande de gel de espinaca en el centro de un plato y expandir ejerciendo presión con una pieza circular plana y lisa*. Gotear puntos de lactonesa de ajo en el centro del dibujo resultante y cubrir con una porción de San Pedro recién asado. Escudillar seis puntos de crema de apionabo alrededor del pescado y coronar cada uno con una hoja de microacedera. Situar una cucharada de aire de adobo suave sobre el San Pedro y terminar con ralladura de limón.
**Ejercer presión con la parte posterior de un cazo, por ejemplo. Éste debe retirarse de inmediato para generar un vacío y formar así un dibujo con relieve. Al no emplearse ningún molde, nunca se obtendrán dos emplatados iguales.*

Málaga.

Producto.
Cocción.
Cítricos.

Product.
Cooking.
Citrus.

rape, pomelo y cítricos

monkfish, grapefruit and citrus fruit

monkfish, grapefruit and citrus fruit

SEARED MONKFISH (COOKING)

1 monkfish, extra virgin olive oil (as needed).
Trim the monkfish. Fillet and de-bone. Portion the loins into 80 g pieces and sear evenly in a frying pan with oil over a high heat. Leave to rest on a wire rack for 5 minutes. Just at the moment of the pass, bake at 160 ºC for 90 seconds.

GRAPEFRUIT GEL

500 g grapefruit puree, 2 g agar agar.
Reduce the grapefruit puree to 300 g. Leave to rest and add the agar agar. Bring to the boil. Once it comes to the boil, remove from the heat and leave to set in the walk-in fridge. Triturate with a blender until a smooth, fine gel is obtained, and strain through a chinois. Keep in a piping bag in the walk-in fridge until the moment of the pass.

LIME GEL

100 g lime juice, zest of 2 limes, 700 g water, 100 g icing sugar, 1 vanilla pod, 6 g agar agar.
Mix the water and icing sugar and bring to the boil. Once it comes to the boil, add the vanilla pod, previously opened and scraped, and leave to cool. Add the agar agar and bring to the boil again. Remove from the heat and add the lime juice. Pour into a Gastronorm and leave to set in the walk-in fridge. triturate to obtain a smooth, fine gel. Add the lime zest and set aside in a piping bag in the walk-in fridge until the moment of the pass.

LIME AND VODKA FOAM

50 g lime juice, 60 g vodka, 110 g butter, 50 g extra virgin olive oil, 150 g chopped shallot, 150 g chopped mushroom, 1 g xanthan, 3 g icing sugar, 300 g white fumet, 150 g cream.
Melt the butter in a saucepan and add the oil. Add the shallots and poach very carefully so that they do not brown. Add the mushrooms and cook until tender. Pour in the lime juice and vodka, and allow to reduce until the alcohol evaporates. Texturise with the xanthan. Add the icing sugar and blend again. Add the white fumet and the cream, and sieve. Place in a siphon with two charges and keep in a bain-marie at 65 ºC until the moment of the pass.

PICKLED RADISHES

5 quartered radishes, 12 Daikon cubes of 1 cm on each side, 150 g apple cider vinegar, 3 g salt, 1 g black peppercorns.
Place the radish quarters and Daikon cubes in a vacuum bag. Add the remaining ingredients and vacuum pack to 100 %. Cook in the steam oven at 68 ºC for 15 minutes. Then, leave to cool and set aside until the moment of the pass.

ASSEMBLY

4 mandarin shoots, lime (as needed).
Pipe a dot of grapefruit gel in the centre of a plate and brush with the help of a turntable into a spiral. Layer the following elements on the circumference: four quarters of pickled radish, four cubes of pickled Daikon and eight dots of lime gel. Top the radish quarters with the mandarin shoots and place a portion of monkfish in the centre. Grate lime peel over the fish and finish with hot vodka and lime foam.

rape, pomelo y cítricos

RAPE (COCCIÓN)

1 rape, c.s. de aceite de oliva virgen extra.
Desbarbar el rape. Filetear y desespinar. Porcionar los lomos en trozos de 80 g y, en una sartén con aceite, marcar a fuego fuerte de manera uniforme. Dejar reposar sobre una rejilla durante 5 minutos. Justo en el momento del pase, hornear a 160 ºC durante 90 segundos.

GEL DE POMELO

500 g de puré de pomelo, 2 g de agar agar.
Reducir el puré de pomelo hasta obtener 300 g. Dejar reposar y agregar el agar agar. Llevar a ebullición. Una vez arranque el hervor, retirar del fuego y dejar gelificar en cámara. Triturar con la túrmix hasta obtener un gel liso y fino, y colar por un chino. Reservar en una manga en cámara hasta el momento del pase.

GEL DE LIMA

100 g de zumo de lima, ralladura de 2 limas, 700 g de agua, 100 g de azúcar glas, 1 vaina de vainilla, 6 g de agar agar.
Mezclar el agua y el azúcar glas, y llevar a ebullición. Una vez arranque el hervor, agregar la vaina de vainilla, previamente abierta y raspada, y dejar enfriar. Añadir el agar agar y hervir de nuevo. Retirar del fuego e incorporar el zumo de lima. Verter en una Gastronorm y dejar gelificar en cámara. Triturar hasta obtener un gel liso y fino. Agregar la ralladura de lima y reservar en una manga en cámara hasta el momento del pase.

ESPUMA DE LIMA Y VODKA

50 g de zumo de lima, 60 g de vodka, 110 g de mantequilla, 50 g de aceite de oliva virgen extra, 150 g de chalota troceada, 150 g de champiñón troceado, 1 g de xantana, 3 g de azúcar glas, 300 g de fumet blanco, 150 g de nata.
Fundir la mantequilla en un cazo y añadir el aceite. Agregar las chalotas y pochar con sumo cuidado de que no adquieran color. Incorporar los champiñones y cocinar hasta ablandar. Verter el zumo de lima y el vodka, y dejar reducir hasta que se evapore el alcohol. Texturizar con la xantana. Añadir el azúcar glas y turbinar de nuevo. Incorporar el fumet y la nata, y tamizar. Introducir en un sifón con dos cargas de gas y reservar en un baño maría a 65 ºC hasta el momento del pase.

RÁBANOS ENCURTIDOS

5 rábanos en cuartos, 12 dados de Daikon de 1 cm de lado, 150 g de vinagre de manzana, 3 g de sal, 1 g de pimienta negra en grano.
Introducir los cuartos de rábano y los dados de Daikon en una bolsa de vacío. Agregar el resto de ingredientes y envasar al 100 %. Cocer en el horno con vapor a 68 ºC durante 15 minutos. A continuación, dejar enfriar y reservar hasta el momento del pase.

ACABADO

4 brotes de mandarina, c.s. de lima.
Escudillar un punto de gel de pomelo en el centro de un plato y pincelar con ayuda de un tocadiscos hasta obtener una espiral. Intercalar los siguientes elementos sobre la circunferencia de ésta: cuatro cuartos de rábano encurtido, cuatro dados de Daikon encurtido y ocho puntos de gel de lima. Coronar los cuartos de rábano con los brotes de mandarina y situar una porción de rape recién horneado en el centro del conjunto. Rallar piel de lima sobre el pescado y terminar napándolo con espuma de lima y vodka caliente.

Cocciones.
Vacío.
Maillard.

Cooking.
Vacuum.
Maillard.

molleja de ternera, granada y chirivía

veal sweetbread, pomegranate and parsnips

veal sweetbread, pomegranate and parsnips

SLOW-COOKED SWEETBREAD

1 veal sweetbread, water (as needed), vinegar (as needed), salt (as needed), crushed garlic clove (as needed), dried thyme (as needed), dried rosemary (as needed).

Immerse the sweetbread in a mixture of water, vinegar and salt and leave to bleed for 8 hours. After this time, remove and drain. Remove excess fat from the sweetbread and strip the skin or surface. Vacuum pack with the garlic, thyme and rosemary. Cook in the steam oven at 80 ºC for 2 hours. After this time, remove the sweetbread and, just at the moment of the pass, portion into 100 g pieces.

VEAL SAUCE

20 veal bones, 12 tomatoes, 16 carrots, 6 leeks, 16 onions, 6 l red wine, extra virgin olive oil (as needed), water (as needed), butter (as needed).

Put the tomatoes, carrots, leeks and six of the onions in a stockpot* with oil. Sauté. Add the veal bones, previously roasted in the oven at 145 ºC for 50 minutes, and pour in the water. Bring to the boil. Once it comes to the boil, simmer for 48 hours. After this time, strain. Leave the resulting broth to cool and skim off the fat.

On the other hand, cut the remaining ten onions in julienne and place in a pot. Pour in the red wine and allow to reduce until it has evaporated completely. Add the previous skimmed broth little by little and reduce by 80 % of the initial weight. Strain through a chinois and texturise with a little butter. Set aside until the moment of the pass.

**Vegetables are used roughly chopped.*

POMEGRANATE GEL

400 g pomegranate juice, 60 g 1 to 1 syrup, 3 g agar agar, 2 g gellan, 0.5 g xanthan.

Mix all the ingredients in the Thermomix and heat up to 100 ºC. Pour into a Gastronorm and leave to set in the walk-in fridge. Triturate to obtain a smooth, fine gel. Strain through a chinois and keep in a piping bag in the walk-in fridge until the moment of the pass.

PARSNIP CREAM

500 g parsnips, 140 g diced butter, 1 g xanthan, water (as needed), salt (as needed).

Peel the parsnips and place in a pot. Cover with water and bring to the boil. Once it comes to the boil, cook until tender. Transfer the cooked parsnip to the Thermomix with the butter, xanthan and a little salt. Triturate quickly while the parsnips are still warm to help the butter melt. Once a fine, homogeneous cream has been obtained, pass through a chinois and set aside in a piping bag until the moment of the pass.

ASSEMBLY

6 pomegranate seeds, 5 radish shoots, extra virgin olive oil (as needed), flaked salt (as needed), balsamic Modena vinegar reduction* (as needed).

**Modena vinegar reduced by half and cooled.*

In a frying pan with oil, sear the outside of a portion of sweetbread (100 g) evenly. Place in the centre of a plate with the cut (inner part) facing upwards. Brush it with oil and season with flaked salt. On the left side of the sweetbread, intersperse six dots of parsnip cream and five of pomegranate gel. Top each of the latter with a radish shoot and the first with a pomegranate seed. Drizzle sixteen dots of reduced Modena vinegar around the whole and finish by coating the lower end of the sweetbread with hot veal sauce.

molleja de ternera, granada y chirivía

MOLLEJA A BAJA TEMPERATURA

1 molleja de ternera, c.s. de agua, c.s. de vinagre, c.s. de sal, c.s. de diente de ajo majado, c.s. de tomillo seco, c.s. de romero seco.

Sumergir la molleja en una mezcla de agua, vinagre y sal, y dejar desangrar durante 8 horas. Transcurrido este tiempo, extraer y escurrir. Retirar el exceso de grasa de la molleja y desproveer de su piel o telilla superficial. Envasar con el ajo, el tomillo y el romero al vacío. Cocer en el horno con vapor a 80 ºC durante 2 horas. Transcurrido este tiempo, extraer la molleja y, justo en el momento del pase, porcionar en trozos de 100 g.

SALSA DE TERNERA

20 huesos de ternera, 12 tomates, 16 zanahorias, 6 puerros, 16 cebollas, 6 l de vino tinto, c.s. de aceite de oliva virgen extra, c.s. de agua, c.s. de mantequilla.

Introducir los tomates, las zanahorias, los puerros y seis de las cebollas en una marmita* con aceite. Rustir. Incorporar los huesos de ternera, previamente tostados en el horno a 145 ºC durante 50 minutos, y cubrir con agua. Llevar a ebullición. Una vez arranque el hervor, cocer a fuego mínimo durante 48 horas. Transcurrido este tiempo, colar. Dejar enfriar el caldo resultante y desgrasar.
Por otro lado, cortar las diez cebollas restantes en juliana y disponer en una olla. Verter el vino tinto y dejar reducir hasta evaporar éste por completo. Agregar el caldo desgrasado anterior poco a poco y reducir un 80 % del peso inicial. Colar por un chino y texturizar con un poco de mantequilla. Reservar hasta el momento del pase.

**Las verduras se emplean cortadas grosso modo.*

GEL DE GRANADA

400 g de zumo de granada, 60 g de almíbar TPT, 3 g de agar agar, 2 g de gellan, 0,5 g de xantana.

Mezclar todos los ingredientes en la Thermomix y calentar hasta alcanzar 100 ºC. Verter en una Gastronorm y dejar gelificar en cámara. Triturar hasta obtener un gel liso y fino. Colar por un chino y reservar en una manga en cámara hasta el momento del pase.

CREMA DE CHIRIVÍA

500 g de chirivía, 140 g de mantequilla en dados, 1 g de xantana, c.s. de agua, c.s. de sal.

Pelar la chirivía e introducir en una olla. Cubrir con agua y llevar a ebullición. Una vez arranque el hervor, cocer hasta que resulte tierna. Pasar la chirivía cocida a la Thermomix agregando la mantequilla, la xantana y un poco de sal. Triturar rápidamente con la chirivía aún caliente para facilitar que la mantequilla se funda. Una vez obtenida una crema fina y homogénea, pasar por un chino y reservar en una manga hasta el momento del pase.

ACABADO

6 granos de granada, 5 brotes de rabanito, c.s. de aceite de oliva virgen extra, c.s. de sal en escamas, c.s. de reducción de vinagre de Módena*.

**Vinagre de Módena reducido a la mitad y enfriado.*

En una sartén con aceite, marcar la parte exterior de una porción de molleja (100 g) de manera uniforme. Situar en el centro de un plato con el corte (parte interior) bocarriba. Pincelar éste con aceite y poner a punto de sal en escamas. En el lado izquierdo de la molleja, intercalar seis puntos de crema de chirivía y cinco de gel de granada. Coronar cada uno de estos últimos con un brote de rabanito y los primeros con un grano de granada. Dosificar dieciséis puntos de vinagre de Módena reducido alrededor del conjunto y terminar napando el extremo inferior de la molleja con salsa de ternera caliente.

Tradición.
Guiso.
Emoción.

Tradition.
Stew.
Emotion.

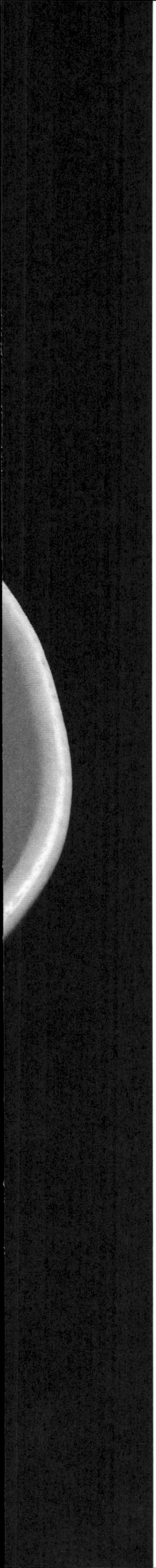

merluza con caldo de ave tostado

hake with roasted poultry broth

hake with roasted poultry broth

ROASTED POULTRY BROTH

5 kg chicken wings, 10 carrots, 4 leeks, 4 onions, 8 tomatoes, water (as needed).
Bake the wings at 145 ºC for 45 minutes. After this time, transfer to a pan and add the vegetables, previously roughly chopped. Cover with water and bring to the boil. Once it comes to the boil, simmer for 6 hours*. After this time, strain and leave the resulting broth to cool. Skim off the fat. Set aside for the steamed hake and until the moment of the pass.
**Skimming whenever necessary.*

STEAMED HAKE

1 line-caught hake, extra virgin olive oil (as needed), salt (as needed), roasted poultry broth (as needed).
Remove the scales and deburr the hake. Open and fillet. Portion the fillets and brush with oil. Season with a little salt and place in a saucepan. Add a tablespoon of roasted poultry broth and cover. Cook with its own steam in the corner of the *coup de feu*. Set aside until the moment of the pass.

SALTED FRIED ALMOND POWDER

Peeled raw almonds (as needed), extra virgin olive oil (as needed), salt (as needed).
Place the almonds in a saucepan and cover with oil. Fry from cold at 160 ºC. Remove the almonds and drain. Season with salt and leave to cool. Transfer to the Thermomix and blend to obtain a granulated powder. Set aside until the moment of the pass.

FRIED GARLIC

Sliced garlic (as needed), extra virgin olive oil (as needed).
Place the garlic slices in a pan and cover with oil. Fry from cold over high heat. Once browned, quickly remove and drain. Keep in an airtight container until the moment of the pass.

ASSEMBLY

Chilli strands (as needed).
Place a portion of steamed hake in the centre of a deep plate. Cover the top of the fish with salted fried almond powder and lay two slices of fried garlic on top. Garnish with chilli strands and serve boiling roasted poultry broth around the hake.

merluza con caldo de ave tostado

CALDO DE AVE TOSTADO

5 kg de alita de pollo, 10 zanahorias, 4 puerros, 4 cebollas, 8 tomates, c.s. de agua.

Hornear las alitas a 145 ºC durante 45 minutos. Transcurrido este tiempo, pasar a una olla y agregar las verduras, previamente cortadas grosso modo. Cubrir con agua y llevar a ebullición. Una vez arranque el hervor, cocer a fuego lento durante 6 horas*. Transcurrido este tiempo, colar y dejar enfriar el caldo resultante. Desgrasar. Reservar para la merluza al vapor y hasta el momento del pase.

**Despumando cada vez que sea necesario.*

MERLUZA AL VAPOR

1 merluza de pincho, c.s. de aceite de oliva virgen extra, c.s. de sal, c.s. de caldo de ave tostado.

Desescamar y desbarbar la merluza. Abrir y filetear. Porcionar los lomos y pincelar con aceite. Aderezar con un poco de sal e introducir en un cazo. Agregar una cucharada de caldo de ave tostado y tapar. Cocinar el pescado con su propio vapor situándolo en la esquina de la *coup de feu*. Reservar hasta el momento del pase.

POLVO DE ALMENDRA FRITA SALADA

c.s. de almendra cruda pelada, c.s. de aceite de oliva virgen extra, c.s. de sal.

Introducir las almendras en un cazo y cubrir con aceite. Freír desde frío a 160 ºC. Extraer las almendras y escurrir. Acto seguido, sazonar con sal y dejar enfriar. Pasar a la Thermomix y triturar hasta obtener un polvo granulado. Reservar hasta el momento del pase.

AJO FRITO

c.s. de ajo laminado, c.s. de aceite de oliva virgen extra.

Introducir las láminas de ajo en un cazo y cubrir con aceite. Freír desde frío a fuego fuerte. Una vez doradas, extraer rápidamente y escurrir. Reservar en un recipiente hermético hasta el momento del pase.

ACABADO

c.s. de filamento de chile.

Situar una porción de merluza al vapor en el centro de plato hondo. Cubrir la parte superior de ésta con polvo de almendra frita salada y recostar dos láminas de ajo frito encima. Coronar con filamentos de chile. Terminar sirviendo caldo de ave tostado en ebullición alrededor de la merluza.

Carême.
Escoffier.
Historia.

Carême.
Escoffier.
History.

solomillo café de paris
sirloin café de paris

sirloin café de paris

SIRLOIN CAFÉ DE PARÍS

1) *Café de Paris* sauce

100 g softened butter, 25 g extra strong Dijon mustard, 2 drops Tabasco sauce, 2 drops Lea & Perrins sauce, 15 g brandy, 12 g yellow curry powder, 5 g tomato concentrate, crushed green pepper (as needed), ground oregano (as needed), dried thyme (as needed), hot La Vera paprika (as needed), salt (as needed).

Place the softened butter in the mixer. Add the rest of the ingredients and emulsify by mixing with the paddle. Roll the resulting mixture with the help of cling film and cool in the walk-in fridge. Once cool, cut the roll into 25 g discs and set aside for the sirloin *papillote*.

2) Sirloin steak *papillote*

180 g cleaned beef sirloin centre, 5 g extra virgin olive oil, 10 g fresh onion in fine brunoise, 2 discs of *Café de Paris* sauce, 40 g sautéed mushrooms*, 2 sprigs of dried thyme, salt (as needed), freshly ground black pepper (as needed), sunflower oil (as needed).

**Whole white shimeji and cut* boletus edulis *(cap and foot).*

Heat the extra virgin olive oil in a frying pan. Add the sirloin steak, previously seasoned with salt and pepper, and sear evenly.

On the other side, place the fresh onion in brunoise in the centre of a sheet of parchment paper. Place the freshly seared sirloin on top and close in *papillote* style, adding both the *Café de Paris* sauce and the sautéed mushrooms. Place in a small casserole pan* with sunflower oil and two dried thyme sprigs at the bottom. Heat over low heat until the *papillote* puffs up. Serve immediately.

**Size the* papillote.

ASSEMBLY

In the dining room and in front of the diner, open the *papillote* and slice the sirloin. Serve a piece of sirloin with three shimejis, three pieces of boletus (two pieces of cap and one foot) and a sprig of dried thyme.

solomillo café de parís

SOLOMILLO CAFÉ DE PARÍS

1) Salsa Café de París

100 g de mantequilla pomada, 25 g de mostaza de Dijon extrafuerte, 2 gotas de salsa Tabasco, 2 gotas de salsa Lea & Perrins, 15 g de brandy, 12 g de curry amarillo en polvo, 5 g de concentrado de tomate, c.s. de pimienta verde machacada, c.s. de orégano molido, c.s. de tomillo seco, c.s. de pimentón de La Vera picante, c.s. de sal.

Introducir la mantequilla pomada en la batidora. Agregar el resto de ingredientes y emulsionar mezclando con la pala. Rular la mezcla resultante con ayuda de papel film y enfriar en cámara. Una vez frío, cortar el rulo en discos de 25 g y reservar para el *papillote* de solomillo.

2) *Papillote* de solomillo

180 g de centro de solomillo de ternera limpio, 5 g de aceite de oliva virgen extra, 10 g de cebolla fresca en brunoise fina, 2 discos de salsa Café de París, 40 g de setas salteadas*, 2 ramas de tomillo secas, c.s. de sal, c.s. de pimienta negra recién molida, c.s. de aceite de girasol.

**Shimeji blanca entera y* boletus edulis *cortado (sombrero y pie).*

Calentar el aceite de oliva virgen extra en una sartén. Agregar el solomillo, previamente salpimentado, y marcar uniformemente.

Por otro lado, disponer la brunoise de cebolla fresca en el centro de una hoja de papel sulfurizado. Situar el solomillo recién marcado encima y cerrar a modo de *papillote* agregando tanto la salsa Café de París como las setas salteadas. Introducir en un rondón pequeño* con aceite de girasol y dos ramas de tomillo secas en su base. Calentar a fuego mínimo hasta que el *papillote* sufle. Servir inmediatamente.

**Del tamaño del* papillote.

ACABADO

En sala y ante el comensal, abrir el *papillote* y porcionar el solomillo. Emplatar un trozo de éste junto con tres shimejis, tres trozos de boletus (dos de sombrero y uno de tallo) y una rama de tomillo seca.

Producto.
Respeto.
Reverencia.

Product.
Respect.
Reverence.

cigala, ceniza y puré de cebolla

norway lobster, ash and onion puree

norway lobster, ash and onion puree

NORWAY LOBSTER (COOKING)

1 Norway lobster, extra virgin olive oil (as needed).
Remove the intestine from the head of the Norway lobster and remove the legs. Just at the moment of the pass, brush with oil and cook in a salamander for 3-4 minutes.

ONION ASH

1 kg onion.
Cut the onion into julienne and dry in the oven at 170 ºC for 1 hour. Once caramelised and all the water has evaporated, grind to a fine powder. Set aside until the moment of the pass.

SPRING ONION PUREE

500 g spring onion, 120 g butter, 11 g salt, 2 g xanthan.
Cut the onion into julienne. Carefully cook the onion with the butter until all the water has evaporated. Once tender, puree in the Thermomix. Add salt and texture with the xanthan. Strain through a chinois and keep in a piping bag in the walk-in fridge until the moment of the pass.

ASSEMBLY

6 carrot shoots.
Place the freshly cooked Norway lobster on a long plate and place thirteen contiguous dots of cold spring onion puree on top. Sift onion ash over the body and finish by topping with the carrot shoots.

cigala, ceniza y puré de cebolla

CIGALA (COCCIÓN)

1 cigala, c.s. de aceite de oliva virgen extra.
Retirar el intestino de la cigala por la parte de la cabeza y desproveer de sus patitas. Justo en el momento del pase, pincelar con aceite y cocinar en una salamandra durante 3-4 minutos.

CENIZA DE CEBOLLA

1 kg de cebolla.
Cortar la cebolla en juliana y secar en el horno a 170 °C durante 1 hora. Una vez caramelizada y evaporada toda su agua, triturar con un molinillo hasta obtener un polvo fino. Reservar hasta el momento del pase.

PURÉ DE CEBOLLA TIERNA

500 g de cebolla tierna, 120 g de mantequilla, 11 g de sal, 2 g de xantana.
Cortar la cebolla en juliana. Con sumo cuidado de que no adquiera color, cocinar la cebolla con la mantequilla hasta evaporar toda su agua. Una vez tierna, triturar en la Thermomix hasta obtener un puré. Poner a punto de sal y texturizar con la xantana. Colar por un chino y reservar en una manga en cámara hasta el momento del pase.

ACABADO

6 brotes de zanahoria.
Situar la cigala recién cocinada en un plato alargado y escudillar trece puntos contiguos de puré de cebolla tierna frío encima. Tamizar ceniza de cebolla sobre su cuerpo y terminar coronándolo con los brotes de zanahoria.

Sabor.
Clásico
actualizado.

Flavor.
Updated
classic.

vichyssoise, anguila y bergamota

vichyssoise, eel and bergamot

vichyssoise, eel and bergamot

VICHYSSOISE

300 g butter, 100 g sunflower oil, 10 chopped leeks, 3 chopped onions, 12 potatoes, 600 g chicken broth, salt (as needed).
Heat the butter and oil in a pan. Add the leeks and onions and sauté over a low heat, taking care not to allow them to brown. Add the potatoes, previously cracked, and let them 'sweat', being very careful not to allow them to brown. Add the chicken broth and season to taste with salt. Once the potatoes are tender, transfer everything to the Thermomix and blend. Strain through a chinois and, just at the moment of the pass, heat and triturate with the blender to give it a fine texture.

SMOKED EEL

1 fresh eel, water (as needed).
Debone the eel and remove the outermost skin. Immerse in cold water and leave to bleed for 1 hour. After this time, remove and dry on absorbent paper. Arrange in a perforated Gastronorm and film. Place on another deep tray with lit wood and leave to smoke for 1 hour. Then, remove the eel and vacuum pack. Portion the eel fillets into 3 x 1,5 cm pieces just at the moment of the pass.

BERGAMOT AND TARRAGON OIL

250 g extra virgin olive oil, 2 g bergamot essence, 20 g fresh tarragon.
Mix the oil with the bergamot essence.
On the other hand, put the tarragon in a bowl and blowtorch. Pour the above mixture over the steaming tarragon and cover immediately. Leave to infuse for 2 hours. After this time, strain and reserve the resulting oil in a baby bottle until the moment of the pass.

SLOW-COOKED LEEK

Leek (peeled white part) (as needed), extra virgin olive oil (as needed), salt (as needed).
Place the white parts of the leek in a vacuum bag. Add a little oil and salt and vacuum pack at 100 %. Cook in the steam oven at 80 ºC for 2 hours. After this time, leave to cool and remove the leek. Cut into 2 cm thick slices and set aside until the moment of the pass.

ASSEMBLY

2 yarrow leaves.
Serve hot vichyssoise in the base of a deep dish. Place two slices of slow-cooked leek, previously seared on both sides*, in the centre of the soup. Arrange a portion of smoked eel on each of the leeks and top with the yarrow. Finish by adding seven drops of bergamot and tarragon oil around the whole.
**In a frying pan with extra virgin olive oil until caramelised.*

vichyssoise, anguila y bergamota

VICHYSSOISE

300 g de mantequilla, 100 g de aceite de girasol, 10 puerros troceados, 3 cebollas troceadas, 12 patatas, 600 g de caldo de pollo, c.s. de sal.
Calentar la mantequilla y el aceite en una olla. Agregar los puerros y las cebollas, y rehogar a fuego lento con sumo cuidado de que no adquieran color. Añadir las patatas, previamente chascadas, y 'dejar sudar' con sumo cuidado de que no adquieran color. Incorporar el caldo de pollo y poner a punto de sal. Una vez las patatas estén tiernas, pasar todo el conjunto a la Thermomix y triturar. Colar por un chino y, justo en el momento del pase, calentar y triturar con la túrmix para otorgarle una textura fina.

ANGUILA AHUMADA

1 anguila fresca, c.s. de agua.
Desespinar la anguila y desproveer de su piel más superficial. Sumergir en agua fría y dejar desangrar durante 1 hora. Transcurrido este tiempo, extraer y secar sobre papel absorbente. Disponer en una Gastronorm perforada y filmar. Situar sobre otra bandeja honda con madera prendida y dejar ahumar durante 1 hora. A continuación, extraer la anguila y conservar envasándola al vacío. Justo en el momento del pase, porcionar sus filetes en trozos de 3 x 1,5 cm.

ACEITE DE BERGAMOTA Y ESTRAGÓN

250 g de aceite de oliva virgen extra, 2 g de esencia de bergamota, 20 g de estragón fresco.
Mezclar el aceite con la esencia de bergamota.
Por otro lado, introducir el estragón en un recipiente y sopletear. Verter la mezcla anterior sobre el estragón humeante y tapar de inmediato. Dejar infusionar durante 2 horas. Transcurrido este tiempo, colar y reservar el aceite resultante en un biberón hasta el momento del pase.

PUERRO A BAJA TEMPERATURA

c.s. de puerro (parte blanca pelada), c.s. de aceite de oliva virgen extra, c.s. de sal.
Introducir las partes blancas de puerro en una bolsa de vacío. Agregar un poco de aceite y sal, y envasar al 100 %. Cocer en el horno con vapor a 80 °C durante 2 horas. Transcurrido este tiempo, dejar enfriar y extraer el puerro. Cortar en rodajas de 2 cm de grosor y reservar hasta el momento del pase.

ACABADO

2 hojas de milenrama.
Servir vichyssoise caliente en la base de un plato hondo. Sobre el centro de ésta, situar dos rodajas de puerro a baja temperatura, previamente marcadas por ambos lados*. Disponer una porción de anguila ahumada encima de cada puerro y coronar con la milenrama. Terminar dosificando siete gotas de aceite de bergamota y estragón alrededor del conjunto.
**En una sartén con aceite de oliva virgen extra hasta caramelizar.*

Mediterráneo.
Mar.
Huerta.

Mediterranean.
Sea.
Orchard.

ravioli de gamba con espuma de manzana

prawn ravioli with apple foam

prawn ravioli with apple foam

PRAWN RAVIOLI

White Malaga prawns (as needed), celery (as needed), carrot (as needed), red onion (as needed), extra virgin olive oil (as needed), salt (as needed), freshly ground white pepper (as needed).
Prepare a *picada* by finely chopping the vegetables in brunoise. Season with oil, salt and pepper.
On the other hand, shell and gut the prawns. Place on cling film on a flat work surface and flatten to form a 12 cm diameter carpaccio. As a stuffing, place 15 g of chopped vegetables in the centre of the carpaccio and wrap. Slightly freeze the resulting ravioli and remove the cling film. Set aside until the moment of the pass.
Note: *For a carpaccio of 12 cm in diameter, seven medium prawns are used.*

APPLE FOAM

800 g apple juice, 4 gelatine leaves, 1 g citric acid.
Heat 150 g of the apple juice and dissolve the previously hydrated gelatine. Mix with the remaining 650 g of juice and the citric acid and place in a siphon with two charges in the walk-in fridge. Leave to cool in the walk-in fridge and, just at the moment of the pass, temper.

ASSEMBLY

2 salt flakes, 6 micro-French sorrel leaves, pink peppercorns husk (as needed).
Place a previously tempered prawn ravioli in the centre of a plate. Top with two flakes of salt and pipe apple foam around it. Finish by placing six leaves of micro-French sorrel and pink peppercorns husks on top of the foam.

ravioli de gamba con espuma de manzana

RAVIOLI DE GAMBA

c.s. de gamba blanca de Málaga, c.s. de apio, c.s. de zanahoria, c.s. de cebolla morada, c.s. de aceite de oliva virgen extra, c.s. de sal, c.s. de pimienta blanca recién molida.

Preparar una picada cortando las verduras en brunoise muy fina. Aliñar con aceite y salpimentar.

Por otro lado, descascarillar y eviscerar las gambas. Situar sobre papel film en una superficie plana de trabajo y espalmar hasta formar un carpaccio de 12 cm de diámetro. A modo de relleno, disponer 15 g de picada de verduras en el centro del carpaccio y envolver. Congelar ligeramente el ravioli resultante y retirar el papel film. Reservar hasta el momento del pase.

Nota: *Para un carpaccio de 12 cm de diámetro se emplean siete gambas medianas.*

ESPUMA DE MANZANA

800 g de zumo de manzana, 4 hojas de gelatina, 1 g de ácido cítrico.

Calentar 150 g del zumo de manzana y disolver la gelatina, previamente hidratada. Mezclar con los 650 g restantes de zumo y el ácido cítrico, e introducir en un sifón con dos cargas de gas. Dejar enfriar en cámara y, justo en el momento del pase, atemperar.

ACABADO

2 escamas de sal, 6 hojas de microacedera, c.s. de cáscara de pimienta rosa.

Disponer un ravioli de gamba, previamente atemperado, en el centro de un plato. Coronar con dos escamas de sal y escudillar espuma de manzana alrededor. Terminar situando seis hojas de microacedera y cáscara de pimienta rosa sobre la espuma.

Casquería
contemporánea.
Belleza.

Contemporary
offal.
Beauty.

manitas con plátano
trotters with banana

trotters with banana

PIG'S TROTTERS STEW

3 kg pig's trotters, 1 kg onion, 15 cloves, 600 g carrots, 3 dried bay leaves, water (as needed), salt (as needed).
Cut the pig's trotters in half. Join them again and place them in a cooking mesh so that they do not lose their original shape. Place in a pot and cover with water. Bring to the boil so that the trotters can remove any remaining dirt. Once boiling, transfer the mesh to another pot. Add the onions, previously pierced with the cloves*, the carrots and the bay leaf. Cover with water again and simmer for 6 hours**. After this time, remove the trotters and bone them while still warm. With the help of cling film, form rolls*** by exerting pressure and semi-freeze. Cut each roll into four portions and, just at the moment of the pass, sear on both sides of the skin.
**Insert the 15 cloves into the kg of onions.*
***Reduce the cooking water and* 'Monté au beurre'. *Reserve the resulting juice until the moment of the pass.*
***By boning a trotter cut in half, two pieces or sides are obtained. Each roll is formed with a small trotter, thus superimposing the two resulting pieces on the inside (the skin will be on the outside). Finish by rolling the piece on itself with the help of the cling film.*

SALTED BANANA CREAM

300 g chopped ripe banana, 100 g chopped onion, 100 g butter, 60 g cream, salt (as needed).
Poach the onion in the butter. Once it starts to colour, add the banana and cook. Add the cream and transfer to the Thermomix. Blend and season with salt. Set the resulting cream aside until the moment of the pass.

FRIED PLANTAIN

Plantain (as needed), sunflower oil (as needed), salt (as needed).
Peel the plantains and finely slice. Fry in sunflower oil at 160 ºC. Remove and season while hot. Drain on absorbent paper and set aside on a warm table until the moment of the pass.

SWEET CHILLI GEL

1 red chilli, 150 g rice vinegar, 60 g soy sauce, 200 g water, 150 g sugar, 10 g corn starch, 2 g xanthan.
Place all the ingredients in the Thermomix and blend without heat until the corn starch is dissolved. Next, triturate at 100 ºC for 10 minutes. Then, strain through a chinois and leave to set in the walk-in fridge. Triturate with a blender until a smooth, fine gel is obtained. Reserve in a piping bag until the moment of the pass.

PICKLED SHALLOT

Finely sliced shallot (as needed), water (as needed), white wine vinegar (as needed).
Pour a 1 to 1 mixture of water and vinegar into a saucepan and bring to the boil. Add the shallot slices and remove from the heat. Cover and leave to pickle until cool. Reserve in the walk-in fridge until the moment of the pass.

ASSEMBLY

3 Daikon shoots, flaked salt (as needed).
Dose banana cream on the top of a plate and spread with a spoon to obtain a teardrop. Sauce the centre of the plate with the trotter stew juice and place a portion of the stew on top. Season with flaked salt and place two slices of fried plantain between the stew and the banana tear. On the lower part of the whole, place eight dots of 'sweet chilli' gel, from small to large. Top three of these with a slice of pickled shallot and some with a Daikon shoot.

manitas con plátano

GUISO DE MANITAS

3 kg de manita de cerdo, 1 kg de cebolla, 15 clavos de olor, 600 g de zanahoria, 3 hojas de laurel seco, c.s. de agua, c.s. de sal.

Cortar las manitas de cerdo por la mitad. Unir de nuevo e introducir en una malla de cocción para que no pierdan su forma original. Disponer en una olla y cubrir con agua. Llevar a ebullición para que las manitas desprendan posibles restos de suciedad. Una vez arranque el hervor, pasar la malla a otra olla. Añadir las cebollas, previamente claveteadas*, las zanahorias y el laurel. Cubrir con agua de nuevo y cocer a fuego lento durante 6 horas**. Transcurrido este tiempo, extraer las manitas y deshuesar en caliente. Con ayuda de papel film, formar rulos*** ejerciendo presión y semicongelar. Cortar cada rulo en cuatro porciones y, justo en el momento del pase, sellar éstas por ambos lados de piel.

**Insertar los 15 clavos de olor en el kg de cebollas.*

***Tras la cocción, reducir el agua resultante de ésta y ligar con mantequilla. Reservar el jugo que obtendremos hasta el momento del pase.*

****Al deshuesar una manita cortada por la mitad se obtienen dos piezas o caras. Cada rulo se formará con una manita superponiendo así esas dos piezas resultantes por su lado interior (la piel quedará hacia fuera). Terminar enrollando la pieza sobre sí misma con ayuda de papel film.*

CREMA DE PLÁTANO SALADA

300 g de plátano maduro troceado, 100 g de cebolla troceada, 100 g de mantequilla, 60 g de nata, c.s. de sal.

Pochar la cebolla en la mantequilla. Una vez empiece a adquirir color, añadir el plátano y cocinar. Incorporar la nata y pasar el conjunto a la Thermomix. Triturar y poner a punto de sal. Reservar la crema resultante hasta el momento del pase.

PLÁTANO FRITO

c.s. de plátano macho, c.s. de aceite de girasol, c.s. de sal.

Pelar los plátanos y laminar finamente. Freír en aceite de girasol a 160 ºC. Extraer y, acto seguido, sazonar con un poco de sal. Escurrir sobre papel absorbente y reservar en una mesa caliente hasta el momento del pase.

GEL 'SWEET CHILLI'

1 chile rojo, 150 g de vinagre de arroz, 60 g de salsa de soja, 200 g de agua, 150 g de azúcar, 10 g de almidón de maíz, 2 g de xantana.

Introducir todos los ingredientes en la Thermomix y triturar sin temperatura hasta disolver el almidón de maíz. Acto seguido, triturar a 100 ºC durante 10 minutos. A continuación, colar por un chino y dejar gelificar en cámara. Triturar con la túrmix hasta obtener un gel liso y fino. Reservar en una manga hasta el momento del pase.

CHALOTA ENCURTIDA

c.s. de chalota laminada finamente, c.s. de agua, c.s. de vinagre de vino blanco.

Verter una mezcla TPT de agua y vinagre en un cazo, y llevar a ebullición. Agregar las láminas de chalota y retirar del fuego. Tapar y dejar encurtir hasta enfriar. Reservar en cámara hasta el momento del pase.

ACABADO

3 brotes de Daikon, c.s. de sal en escamas.

Dosificar crema de plátano en la parte superior de un plato y extender con una cuchara para obtener una lágrima. Salsear el centro del plato con jugo de guiso de manitas y disponer una porción del propio guiso encima. Poner a punto de sal en escamas y recostar dos láminas de plátano frito entre éste y la lágrima de plátano. En la parte inferior del conjunto, dosificar ocho puntos de gel 'sweet chili' de mayor a menor tamaño. Coronar tres de éstos con una lámina de chalota encurtida y otros tantos con un brote de Daikon.

Cultura.
Tradición.
Homenaje.

Culture.
Tradition.
Tribute.

coca de caballa con cabello de ángel

mackerel and cabello de ángel coca

mackerel and cabello de ángel* coca**

**Traditional sweet dessert in Spanish and Latin American cuisine. It is made from strands of cooked pumpkin that are mixed with sugar and sometimes flavoured with lemon or other spices. The name "Cabello de Ángel" translates to "Angel Hair" in English, referring to the thin, thread-like strands of pumpkin in the dessert.*

***Flatbread.*

MARINATED MACKEREL

<u>1 l water, 50 g salt, 500 g white wine vinegar, fresh mackerel (as needed), extra virgin olive oil (as needed).</u>
Prepare a brine by mixing the water with the salt and vinegar.
On the other hand, clean and de-bone the mackerel. Fillet and immerse in the brine and marinate for 8 minutes. Then, remove and pat dry. Place between two sheets of parchment paper, previously brushed with oil, in the walk-in fridge until the moment of the pass.

OIL COCA

<u>1 kg flour, 60 g sugar, 50 g salt, 240 g water, 200 g extra virgin olive oil, 50 g fresh yeast, 100 g softened butter, 4 eggs.</u>
Put the flour, sugar and salt in the mixer.
On the other side, heat the water with the oil slightly and dissolve the yeast. Add to the mixer and work with the dough hook. Gradually add the butter and, while continuing to knead, add the eggs one by one. Divide the resulting dough into four parts and shape by hand. Arrange the four pieces on a tray and leave to rest for at least 1 hour. Then, roll out to 12 x 2.5 cm and 1 cm thick, and leave to rise for 90 minutes. After this time, bake in the oven at 160 ºC for 20 minutes. Next, portion into rectangles and serve while still warm.

ASSEMBLY

<u>1 stalk with yarrow leaves, *cabello de ángel* (as needed), flaked salt (as needed).</u>
Spread *cabello de ángel* on a portion of oil *coca*. Place a fillet of marinated mackerel on top and lightly blowtorch its skin. Finish by topping with flaked salt and a stalk of yarrow.

coca de caballa con cabello de ángel

CABALLA MARINADA

1 l de agua, 50 g de sal, 500 g de vinagre de vino blanco, c.s. de caballa fresca, c.s. de aceite de oliva virgen extra.

Preparar una salmuera mezclando el agua con la sal y el vinagre.

Por otro lado, limpiar y desespinar la caballa. Filetear y sumergir en la salmuera anterior. Dejar marinar durante 8 minutos. A continuación, extraer y secar. Reservar entre dos hojas de papel sulfurizado, previamente pinceladas con aceite, en cámara hasta el momento del pase.

COCA DE ACEITE

1 kg de harina, 60 g de azúcar, 50 g de sal, 240 g de agua, 200 g de aceite de oliva virgen extra, 50 g de levadura fresca, 100 g de mantequilla pomada, 4 huevos.

Introducir la harina, el azúcar y la sal en la amasadora.

Por otro lado, calentar el agua con el aceite ligeramente y disolver la levadura. Agregar a la amasadora y trabajar con el gancho. Incorporar la mantequilla poco a poco y, sin dejar de amasar, añadir los huevos uno a uno. Dividir la masa resultante en cuatro partes y bolear. Disponer las cuatro piezas en una bandeja y dejar reposar durante un mínimo de 1 hora. A continuación, estirar a 12 x 2,5 cm y 1 cm de grosor, y dejar fermentar durante 90 minutos. Transcurrido este tiempo, hornear a 160 ºC durante 20 minutos. Acto seguido, porcionar en rectángulos y servir aún caliente.

ACABADO

1 tallo con hojas de milenrama, c.s. de cabello de ángel, c.s. de sal en escamas.

Extender cabello de ángel sobre una porción de coca de aceite caliente. Situar un filete de caballa marinada encima y sopletear su piel ligeramente. Terminar coronándola con escamas de sal y un tallo de milenrama.

José Carlos
García.
Málaga.

Producto.
Territorio.
Homenaje.

Product.
Territory.
Tribute.

torta de algarrobo

algarrobo tart

algarrobo tart

ALGARROBO* TART ICE CREAM

**Malaga municipality.*

380 g peeled raw almonds, 680 g water, 50 g glucose, 80 g sugar, 3 g aniseed, 30 g white wine.

Mix all the ingredients in the Thermomix until homogenised. Pour into a PacoJet container and leave to mature in the freezer for 24 hours. Just before the moment of the pass, blitz the ice cream.

MERINGUE WITH ANISEED

100 g pasteurised egg white, 100 g sugar, 100 g icing sugar, aniseed (as needed).

Whip the egg whites in the KitchenAid with the whisk, adding the sugar little by little. Once the meringue has been whipped, add the icing sugar, previously sieved, using encircling movements. Roll out to 0.5 cm thick on a tray lined with parchment paper and sprinkle with aniseed seeds. Place in the oven without ventilation and dry at 80 ºC for 1 hour. Keep in an airtight container until the moment of the pass.

ALMOND SOIL

300 g raw almonds with skin, 100 g sugar, 30 g flour, 50 g tempered butter.

Place all the ingredients in the bowl of the KitchenAid and mix with the paddle until homogenised. Spread the resulting dough in a Gastronorm and bake at 180 ºC for 20 minutes*. Then, remove from the oven and leave to cool. Triturate to a sandy texture and set aside in an airtight container until the moment of the pass.

**Stirring the dough with a wooden paddle every 5 minutes during baking.*

CARROT CREAM

1 kg peeled carrots, 2.3 g xanthan, water (as needed).

Place the carrots in a saucepan and cover with water. Bring to the boil. Once it comes to the boil, cook until tender. Drain and blend in the Thermomix. Texturise with the xanthan and strain the resulting cream through a chinois. Pour into piping bags and keep in the walk-in fridge until the moment of the pass.

ASSEMBLY

Aniseed (as needed).

Place a 14 cm diameter ring in the centre of a plate and cover its base with almond soil. Remove the ring and pipe dots of carrot cream around it. Top each of the dots with an aniseed seed. Place a quenelle of Algarrobo tart ice cream on the soil and place three pieces of meringue with aniseed on top.

torta de algarrobo

HELADO DE TORTA DE ALGARROBO*

**Municipio malagueño.*

380 g de almendra cruda pelada, 680 g de agua, 50 g de glucosa, 80 g de azúcar, 3 g de anís en grano, 30 g de vino blanco.

Mezclar todos los ingredientes en la Thermomix hasta homogeneizar. Verter en un vaso para PacoJet y dejar madurar en el congelador durante 24 horas. Justo antes del momento del pase, turbinar el helado.

MERENGUE CON ANÍS

100 g de clara pasteurizada, 100 g de azúcar, 100 g de azúcar glas, c.s. de anís en grano.

Montar las claras en la KitchenAid con las varillas incorporando el azúcar poco a poco. Una vez montado el merengue, agregar el azúcar glas, previamente tamizado, con movimientos envolventes. Extender a 0,5 cm de grosor en una bandeja con papel sulfurizado y espolvorear anís en grano. Introducir en el horno sin ventilación y secar a 80 ºC durante 1 hora. Reservar en un recipiente hermético hasta el momento del pase.

TIERRA DE ALMENDRA

300 g de almendra cruda con piel, 100 g de azúcar, 30 g de harina, 50 g de mantequilla atemperada.

Introducir todos los ingredientes en el bol de la KitchenAid y mezclar con la pala hasta homogeneizar. Extender la masa resultante en una bandeja y hornear a 180 ºC durante 20 minutos*. A continuación, retirar del horno y dejar enfriar. Triturar hasta obtener una textura arenosa y reservar en un recipiente hermético hasta el momento del pase.

**Removiendo la masa con una pala de madera cada 5 minutos durante su cocción.*

CREMA DE ZANAHORIA

500 g de zanahoria pelada, 1,15 g de xantana, c.s. de agua.

Introducir las zanahorias en una olla y cubrir con agua. Llevar a ebullición. Una vez arranque el hervor, cocer hasta que resulten tiernas. Escurrir y triturar en la Thermomix. Texturizar con la xantana y colar la crema resultante por un chino. Introducir en mangas y reservar en cámara hasta el momento del pase.

ACABADO

c.s. de anís en grano.

Situar un aro de 14 cm de diámetro en el centro de un plato y cubrir su base con tierra de almendra. Retirar el aro y escudillar puntos de crema de zanahoria alrededor. Coronar cada uno de los puntos con un grano de anís. Disponer una quenelle de helado de torta de Algarrobo sobre la tierra y recostar tres trozos de merengue con anís encima.

Tradición.
Actual.
Producto.

Tradition.
Current.
Product.

tarta de queso y pistacho
cheese and pistachio tart

cheese and pistachio tart

CHEESE CREAM WITH PISTACHIO

100 g cream cheese, 50 g pistachio praline.
Mix the two ingredients together. Pour into a piping bag with a medium, smooth nozzle and set aside until the moment of the pass.

PISTACHIO SIPHON SPONGE CAKE

100 g pistachio praline, 120 g almond powder, 60 g sugar, 60 g albumin, 3 g baking powder, 40 g flour.
Triturate all the ingredients except the pistachio praline in the Thermomix. Add the pistachio praline and blend again. Strain through a chinois and place in a siphon with two charges in the walk-in fridge. Just 30 minutes before the moment of the pass, remove the siphon from the walk-in fridge and leave to temper. Pipe into plastic cups* until ⅓ full. Cook in the microwave at maximum power for 30 seconds. Next, leave to rest upside down and unmould. Cut the resulting sponge cakes into irregular shapes.
**With the base pierced.*

SWEET TOMATO SPHERES

300 g tomato juice, 20 g gluconolactate, 1 g xanthan, 1 to 1 syrup (as needed), alginate bath (as needed), water (as needed).
Triturate the tomato juice, gluconolactate, xanthan and 200 g of 1 to 1 syrup in a blender. Leave to rest in the walk-in fridge for 24 hours. After this time, place in a baby bottle and form spheres in the alginate bath. Leave to set for 1 minute. Then, remove the resulting spheres and clean with water. Immerse in a container with more 1 to 1 syrup and reserve in the walk-in fridge until the moment of the pass.

ASSEMBLY

3 raw pistachios, 3 'flakes' of Isomalt*, baked apple puree** (as needed).
**Melt the Isomalt and spread very thinly on a silicone mat. Leave to crystallise and then chop as salt flakes.*
***Roast Golden apples, previously peeled and cored, in butter. Once caramelised and the water has evaporated, triturate to a fine, smooth puree.*
With the help of a turntable, draw a spiral with cream cheese with pistachio in the centre of a plate. Arrange the following elements on top: four pieces of pistachio siphon sponge cake, three sweet tomato spheres, three dots of baked apple puree and three pistachios. Top each of these with a 'flake' of Isomalt.

tarta de queso y pistacho

CREMA DE QUESO CON PISTACHO

100 g de queso crema, 50 g de praliné de pistacho.
Mezclar ambos ingredientes. Introducir en una manga con boquilla mediana y lisa, y reservar hasta el momento del pase.

BIZCOCHO SIFÓN DE PISTACHO

100 g de praliné de pistacho, 120 g de almendra en polvo, 60 g de azúcar, 60 g de albúmina, 3 g de levadura química, 40 g de harina.
Triturar todos los ingredientes, excepto el praliné de pistacho, en la Thermomix. Agregar éste y homogeneizar de nuevo. Colar por un chino e introducir en un sifón con dos cargas de gas. Reservar en cámara. Justo 30 minutos antes del momento del pase, retirar el sifón de la cámara y dejar atemperar. Escudillar en vasos de plástico* hasta rellenar ⅓ de éstos. Cocer en el microondas a máxima potencia durante 30 segundos. Acto seguido, dejar reposar bocabajo y desmoldar. Trocear los bizcochos resultantes de manera irregular.
**Con la base agujereada.*

ESFERAS DULCES DE TOMATE

300 g de zumo de tomate, 20 g de gluconolactato, 1 g de xantana, c.s. de almíbar TPT, c.s. de baño de alginato, c.s. de agua.
Triturar el zumo de tomate, el gluconolactato, la xantana y 200 g de almíbar TPT con la túrmix. Dejar reposar en cámara durante 24 horas. Transcurrido este tiempo, introducir en un biberón y realizar esferas en el baño de alginato. Dejar gelificar durante 1 minuto. A continuación, extraer las esferas resultantes y limpiar con agua. Sumergir en un recipiente con más almíbar TPT y reservar en cámara hasta el momento del pase.

ACABADO

3 pistachos crudos, 3 'escamas' de Isomalt*, c.s. de puré de manzana asada**.
**Fundir el Isomalt y extender muy finamente sobre un tapete de silicona. Dejar cristalizar y trocear a modo de sal en escamas.*
***Asar manzana Golden, previamente pelada y descorazonada, con mantequilla. Una vez caramelizada y evaporada su agua, triturar hasta obtener un puré fino y liso.*
Con ayuda de un tocadiscos, dibujar una espiral con crema de queso con pistacho en el centro de un plato. Disponer los siguientes elementos sobre ésta: cuatro trozos de bizcocho sifón de pistacho, tres esferas dulces de tomate, tres puntos de puré de manzana asada y tres pistachos. Coronar cada uno de estos últimos con una 'escama' de Isomalt.

Versión
dulce.
Familia.

*Sweet
version.
Family.*

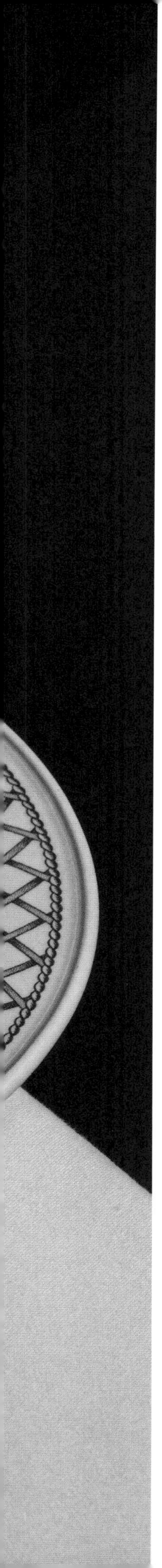

crêpe suzette café de paris
crêpe suzette café de paris

crêpe suzette café de paris

CRÊPE

250 g milk, 90 g loose plain flour, 1 egg, 2 egg yolks.
Mix all the ingredients in a blender until you obtain a fine mixture*. Place in an airtight container and leave to rest in the walk-in fridge for at least 30 minutes. Just 10 minutes before the moment of the pass, and in a hot cast-iron frying pan of 18 cm diameter, spread a thin layer of the mixture and cook on both sides until golden brown. Remove the resulting *crêpe* and leave to rest for 5-10 minutes. Repeat the operation until all the batter is used.
**If necessary, strain through a sieve.*

VANILLA ICE CREAM

Seeds from 1 vanilla pod, 500 g cream, 8 egg yolks, 50 g sugar, 0.5 g xanthan.
Prepare a *crème anglaise* at 90 °C with all the ingredients except the xanthan. Remove from the heat and strain. Leave to mature in the walk-in fridge for a minimum of 12 hours. After this time, add the xanthan and whisk. Churn in the ice cream maker and set aside in the freezer until the moment of the pass.

ORANGE AND LIQUEUR SAUCE

150 g strained orange juice*, 1 orange peel with albedo, 10 g Grand Marnier liqueur, 50 g sugar, 25 g butter.
**When oranges are in season, select the most acidic ones.*
In the dining room and in front of the diner, prepare a caramel with the sugar, butter and orange peel in a frying pan. Deglaze with the liqueur and cook until the alcohol evaporates. Add the orange juice and reduce the mixture to a creamy consistency.

ASSEMBLY

Continuing in the dining room and in front of the diner, add a *crêpe* in the pan with orange sauce and liqueur. Mix very carefully. Next, remove from the heat and serve both hot on a scoop of vanilla ice cream, previously arranged in a deep dish.

crêpe suzette café de paris

CRÊPE

250 g de leche, 90 g de harina floja, 1 huevo, 2 yemas.
Mezclar todos los ingredientes con la túrmix hasta obtener una mezcla fina*. Introducir en un recipiente hermético y dejar reposar en cámara durante un mínimo de 30 minutos. Justo 10 minutos antes del momento del pase, y en una sartén de hierro de 18 cm de diámetro caliente, extender una fina capa de mezcla y cocinar por ambos lados hasta dorar. Extraer el *crêpe* resultante y dejar reposar durante 5-10 minutos. Repetir la operación hasta emplear toda la masa.
**Si fuese necesario, pasar por un chino.*

HELADO DE VAINILLA

Semillas de 1 vaina de vainilla, 500 g de nata, 8 yemas, 50 g de azúcar, 0,5 g de xantana.
Preparar una crema inglesa a 90 ºC con todos los ingredientes, excepto la xantana. Retirar del fuego y colar. Dejar madurar en cámara durante un mínimo de 12 horas. Transcurrido este tiempo, añadir la xantana y turbinar. Mantecar y reservar en el congelador hasta el momento del pase.

SALSA DE NARANJA Y LICOR

150 g de zumo de naranja colado*, 1 piel de naranja con albedo, 10 g de licor Grand Marnier, 50 g de azúcar, 25 g de mantequilla.
**En temporada de naranjas, seleccionar las más ácidas.*
En sala y ante el comensal, preparar un caramelo con el azúcar, la mantequilla y la piel de naranja en una sartén. Desglasar con el licor y cocinar hasta evaporar el alcohol. Agregar el zumo de naranja y dejar reducir el conjunto hasta obtener una consistencia cremosa.

ACABADO

Continuando en sala y ante el comensal, añadir un *crêpe* en la sartén con salsa de naranja y licor. Mezclar con sumo cuidado. Acto seguido, retirar del fuego y servir ambos calientes sobre una bola de helado de vainilla, previamente dispuesta en un plato hondo.

Andalucía.
Identidad.
Yemas.

Andalusia.
Identity.
Yolks.

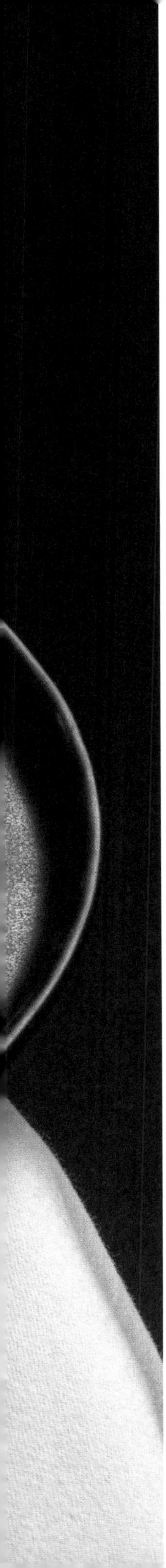

tocino de cielo

tocino de cielo*

** Similar to a crème caramel, this traditional Spanish dessert dates back to the 1300s and the city of Jerez, where egg whites were used to clarify wine, so the leftover yolks were given to the local nuns. With them they created this rich caramel dessert, and* Tocino de cielo *actually translates as 'heaven's bacon', referring to its religious origins.*

TOCINO DE CIELO

320 g pasteurised egg yolk, 1 egg, 210 g water, 550 g sugar.
Prepare a syrup at 116 °C with the sugar and water. Remove from the heat and, once the bubbling has stopped, pour over the egg yolks and egg gradually, stirring constantly with a whisk*. Fill a 20 cm square mould, previously coated with caramel. Bake in a bain-marie in an oven at 65 °C for 40 minutes. After this time, remove from the oven and leave to cool to 3-5 °C. Unmould and cut into 3.5 x 2.5 cm portions. Keep in the walk-in fridge until the moment of the pass.
**And being very careful not to add air to the mixture.*

LEMON GEL

125 g lemon juice, 125 g 1 to 1 syrup, 5 g corn starch, 3.5 g agar agar, 3.5 g gellan.
Place all the ingredients in the Thermomix and blend until it reaches 100 °C. Spread in a Gastronorm and leave to set in the walk-in fridge. Triturate to a smooth, fine gel and strain through a chinois. Reserve in a piping bag until the moment of the pass.

CARROT SIPHON SPONGE CAKE

600 g carrot juice, 120 g almond powder, 60 g sugar, 60 g albumin, 3 g baking powder, 40 g flour.
Blend all the ingredients, except the carrot juice, in the Thermomix. Add the latter and blend again. Strain through a chinois and place in a siphon with two charges in the walk-in fridge. Just 30 minutes before the moment of the pass, remove the siphon from the walk-in fridge and leave to cool. Pour into plastic cups* until ⅓ full. Cook in the microwave at maximum power for 30 seconds. Next, leave to rest upside down and unmould. Cut the resulting sponge cakes into irregular shapes.
**With the base pierced.*

ASSEMBLY

2 lemon segments.
Arrange two portions of *tocino de cielo* on a plate topped with a lemon segment. On the opposite side, pipe three dots of lemon gel and spread each one with a spatula. On the right-hand side of these, place a piece of carrot siphon sponge cake.

tocino de cielo

TOCINO DE CIELO

320 g de yema pasteurizada, 1 huevo, 210 g de agua, 550 g de azúcar.
Preparar un almíbar a 116 ºC con el azúcar y el agua. Retirar del fuego y, una vez cese el burbujeo, verter sobre las yemas y el huevo poco a poco*. Rellenar un molde cuadrado de 20 cm de lado, previamente encamisado con caramelo. Cocer al baño maría en un horno a 65 ºC durante 40 minutos. Transcurrido este tiempo, retirar del horno y dejar enfriar a 3-5 ºC. Desmoldar y cortar en porciones de 3,5 x 2,5 cm. Reservar en cámara hasta el momento del pase.
**Sin dejar de remover con unas varillas y con sumo cuidado de no incorporar aire a la mezcla.*

GEL DE LIMÓN

125 g de zumo de limón, 125 g de almíbar TPT, 5 g de almidón de maíz, 3,5 g de agar agar, 3,5 g de gellan.
Introducir todos los ingredientes en la Thermomix y triturar hasta alcanzar 100 ºC. Extender en una Gastronorm y dejar gelificar en cámara. Triturar hasta obtener un gel liso y fino, y colar por un chino. Reservar en una manga hasta el momento del pase.

BIZCOCHO SIFÓN DE ZANAHORIA

600 g de licuado de zanahoria, 120 g de almendra en polvo, 60 g de azúcar, 60 g de albúmina, 3 g de levadura química, 40 g de harina.
Triturar todos los ingredientes, excepto el licuado de zanahoria, en la Thermomix. Agregar éste y homogeneizar de nuevo. Colar por un chino e introducir en un sifón con dos cargas de gas. Reservar en cámara. Justo 30 minutos antes del momento del pase, retirar el sifón de la cámara y dejar atemperar. Escudillar en vasos de plástico* hasta rellenar ⅓ de éstos. Cocer en el microondas a máxima potencia durante 30 segundos. Acto seguido, dejar reposar bocabajo y desmoldar. Trocear los bizcochos resultantes de manera irregular.
**Con la base agujereada.*

ACABADO

2 gajos de limón al vivo.
Disponer dos porciones de tocino de cielo en un plato coronándolas con un gajo de limón. En el lado opuesto, escudillar tres puntos de gel de limón y extender cada uno con ayuda de una espátula. Sobre el extremo derecho de éstos, situar un trozo de bizcocho sifón de zanahoria.

Inspiración.
Pastelería
árabe.

*Inspiration.
Arabic
pastry.*

nido crujiente con helado de piel de limón
y toffee de plátano con vainilla
crispy nest with lemon peel ice cream
and banana vanilla toffee

crispy nest with lemon peel ice cream and banana vanilla toffee

CRISPY NEST

100 g kataifi pasta.
Form small nests with the kataifi paste and place in silicone moulds with a 6 cm diameter. Bake at 170 °C for 10 minutes until golden brown and crisp. Then, remove from the oven and leave to cool. Unmould and keep in an airtight container until the moment of the pass.

LEMON PEEL ICE CREAM

Zest of 5 lemons, 500 g milk, 250 g cream, 275 g sugar, 50 g glucose, 250 g lemon juice.
Place the milk, cream and both sugars in a saucepan. Heat until the sugars are dissolved. Remove from the heat and leave to cool in the walk-in fridge. Mix with the freshly grated lemon peel and juice. Churn in the ice cream maker and set aside in the freezer until the moment of the pass.

BANANA TOFFEE WITH VANILLA

300 g banana, 1 opened and scraped vanilla pod, 100 g sugar, 100 g butter, 100 g cream, 100 g milk.
Prepare a caramel with the sugar and butter in a small pan. Add the sliced banana and vanilla and cover. Cook until the banana turns golden brown. Add the cream and milk and reduce to a puree. Remove from the heat and discard the vanilla. Triturate the rest with the blender. Leave to cool and pour into a piping bag. Keep in the walk-in fridge until the moment of the pass.

LIME GEL

100 g lime juice, zest of 2 limes, 700 g water, 100 g icing sugar, 1 vanilla pod, 6 g agar agar.
Mix the water and icing sugar and bring to the boil. Once it comes to the boil, add the vanilla pod, previously opened and scraped out, and leave to cool. Add the agar agar and bring to the boil again. Remove from the heat and add the lime juice. Pour into a Gastronorm and leave to set in the walk-in fridge. Triturate until a smooth, fine gel is obtained. Add the lime zest and set aside in a piping bag in the walk-in fridge until the moment of the pass.

ASSEMBLY

4 mint shoots, lemon peel (as needed).
Place a large dollop of banana toffee with vanilla in the centre of a plate and flatten slightly. Pipe eight dots of lime gel around the toffee and crown four of these with a mint shoot. Arrange a crunchy nest on top of the toffee and place a quenelle of lemon peel ice cream on top. Finish by grating more lemon peel over the ice cream.

nido crujiente con helado de piel de limón y toffee de plátano con vainilla

NIDO CRUJIENTE

100 g de pasta kataifi.

Formar pequeños nidos con la pasta kataifi e introducir en moldes de silicona de 6 cm de diámetro. Hornear a 170 °C durante 10 minutos hasta que adquieran un tono dorado y resulten crujientes. A continuación, retirar del horno y dejar enfriar. Desmoldar y reservar en un recipiente hermético hasta el momento del pase.

HELADO DE PIEL DE LIMÓN

Ralladura de 5 limones, 500 g de leche, 250 g de nata, 275 g de azúcar, 50 g de glucosa, 250 g de zumo de limón.

Introducir la leche, la nata y ambos azúcares en un cazo. Calentar hasta disolver estos últimos. Retirar del fuego y dejar enfriar en cámara. Mezclar con la piel de limón, recién rallada, y con el zumo. Mantecar y reservar en el congelador hasta el momento del pase.

TOFFEE DE PLÁTANO CON VAINILLA

300 g de plátano, 1 vaina de vainilla abierta y raspada, 100 g de azúcar, 100 g de mantequilla, 100 g de nata, 100 g de leche.

Preparar un caramelo con el azúcar y la mantequilla en un rondón pequeño. Añadir el plátano en rodajas y la vainilla, y tapar. Cocinar hasta que el plátano adquiera un tono dorado. Agregar la nata y la leche, y dejar reducir hasta obtener la textura de un puré. Retirar del fuego y desechar la vainilla. Triturar el resto con la túrmix. Dejar enfriar e introducir en una manga. Reservar en cámara hasta el momento del pase.

GEL DE LIMA

100 g de zumo de lima, ralladura de 2 limas, 700 g de agua, 100 g de azúcar glas, 1 vaina de vainilla abierta y raspada, 6 g de agar agar.

Mezclar el agua y el azúcar glas, y llevar a ebullición. Una vez arranque el hervor, agregar la vaina de vainilla y dejar enfriar. Añadir el agar agar y hervir de nuevo. Retirar del fuego e incorporar el zumo de lima. Verter en una Gastronorm y dejar gelificar en cámara. Triturar hasta obtener un gel liso y fino. Agregar la ralladura de lima y reservar en una manga en cámara hasta el momento del pase.

ACABADO

4 brotes de menta, c.s. de piel de limón.

Dosificar un punto grande de toffee de plátano con vainilla en el centro de un plato y aplanar ligeramente. Escudillar ocho puntos de gel de lima alrededor y coronar cuatro de éstos con un brote de menta. Disponer un nido crujiente sobre el toffee y situar una quenelle de helado de piel de limón encima. Terminar rallando más piel de limón sobre el helado.

Delicadeza.
Sabor.
Clásico.

Delicacy.
Flavor.
Classic.

vainilla y frambuesa

vanilla and raspberry

vanilla and raspberry

WHIPPED VANILLA GANACHE

1 opened and scraped vanilla pod, 460 g milk, 16 g corn starch, 6 gelatine leaves, 260 g white chocolate couverture, 460 g cream.
Mix 150 g of the milk with the corn starch until the latter is dissolved. Place together with the remaining 310 g of milk and the vanilla in a saucepan and bring to the boil. Once it comes to the boil, remove from the heat and dissolve the previously hydrated gelatine. Pour over the topping and emulsify with a whisk. Add the cold cream and whisk. Blend again and leave to crystallise in the walk-in fridge for at least 6 hours. Just before the moment of the pass, whip in the KitchenAid with the whisk on speed 4 until doubled in size.

RASPBERRY JUICE

700 g frozen raspberry, 140 g sugar, 40 g Modena vinegar, 6 g lime peel.
Put all the ingredients in a bowl and film all the way through. Cook in a bain-marie for 1 hour. Then, leave to cool. Leave to macerate in the walk-in fridge for 24 hours. After this time, leave to decant in a fine sieve. Reserve the resulting juice in the walk-in fridge until the moment of the pass.

RASPBERRY SORBET

1 kg raspberry pulp (puree), 260 g sugar, 460 g water, 40 g lemon juice.
Prepare a syrup with the sugar and water. Remove from the heat and leave to cool. Place in the Thermomix. Add the raspberry pulp and lemon juice and blend. Pour into PacoJet containers and leave to set in the walk-in fridge for 4-5 hours. After this time, freeze for at least 12 hours. Just before the moment of the pass, blitz the sorbet.

ALMOND SPONGE CAKE

450 g almond powder, 450 g sugar, 15 g cinnamon powder, zest of 3 lemons, 12 eggs, 255 g extra virgin olive oil, 24 g baking powder.
Mix all the ingredients in the KitchenAid with the whisk until homogeneous. Spread to a thickness of 8 cm in a Gastronorm, previously lined with parchment paper, and bake at 170 ºC for 30 minutes. Then, remove from the oven and leave to cool. Cut into portions of 10 x 2,5 cm and 1,5 cm high. Store in an airtight container in the walk-in fridge until the moment of the pass.

SABLÉ SOIL

170 g softened butter, 300 g flour, 85 g sugar, 1 g salt, 1 g star anise powder, 1 egg yolk.
Mix the softened butter with the flour and sugar by hand. Add the salt and aniseed and mix well. Add the egg yolk and knead until the dough is smooth. Spread to an even thickness on a silicone mat and bake at 165 ºC for 25 minutes. Then, remove from the oven and leave to cool. Crumble the resulting sablé by hand to a sandy texture and store in an airtight container until ready to pass.

DRY MERINGUE

100 g pasteurised egg white, 100 g sugar, 100 g icing sugar, raspberry pulp (puree) (as needed).
Whip the egg whites in the KitchenAid with the whisk, adding the sugar little by little. Once the meringue is whipped, fold in the icing sugar, previously sieved, using encircling movements. Spread thinly on a tray with parchment paper and place in the oven without ventilation. Dry at 80 ºC for 20 minutes. Then, brush raspberry puree over the semi-dry meringue and bake for a further 40 minutes. After this time, keep in an airtight container until the moment of the pass.

ASSEMBLY

3 blueberry halves, 1 raspberry, pomegranate seeds (as needed).
Place a portion of almond sponge in the centre of a plate and cover with sablé soil. Pipe two large dots of vanilla ganache on the latter. Make an indentation in the centre of each dot and fill with raspberry juice. Garnish with the fresh fruit (blueberry, raspberry and pomegranate) and place a quenelle of raspberry sorbet in the centre. Finish by placing four pieces of dry meringue on top.

vainilla y frambuesa

GANACHE MONTADA DE VAINILLA

1 vaina de vainilla abierta y raspada, 460 g de leche, 16 g de almidón de maíz, 6 hojas de gelatina, 260 g de cobertura de chocolate blanco, 460 g de nata.

Mezclar 150 g de la leche con el almidón de maíz hasta que este último se disuelva. Introducir junto con los 310 g restantes de leche y la vainilla en un cazo, y llevar a ebullición. Una vez arranque el hervor, retirar del fuego y disolver la gelatina, previamente hidratada. Verter sobre la cobertura y emulsionar con unas varillas. Incorporar la nata fría y varillar. Triturar de nuevo y dejar cristalizar en cámara durante un mínimo de 6 horas. Justo antes del momento del pase, montar en la KitchenAid con varillas y a velocidad 4 hasta doblar su tamaño inicial.

JUGO DE FRAMBUESA

700 g de frambuesa congelada, 140 g de azúcar, 40 g de vinagre de Módena, 6 g de piel de lima.

Introducir todos los ingredientes en un bol y filmar por completo. Cocer al baño maría durante 1 hora. A continuación, dejar enfriar. Dejar macerar en cámara durante 24 horas. Transcurrido este tiempo, dejar decantar en un colador fino. Reservar el jugo resultante en cámara hasta el momento del pase.

SORBETE DE FRAMBUESA

1 kg de frambuesa triturada (puré), 260 g de azúcar, 460 g de agua, 40 g de zumo de limón.

Preparar un almíbar con el azúcar y el agua. Retirar del fuego y dejar enfriar. Introducir en la Thermomix. Agregar la frambuesa y el zumo de limón, y triturar. Verter en vasos para PacoJet y dejar reposar en cámara durante 4-5 horas. Transcurrido este tiempo, congelar durante un mínimo de 12 horas. Justo antes del momento del pase, turbinar el sorbete.

BIZCOCHO DE ALMENDRA

450 g de almendra en polvo, 450 g de azúcar, 15 g de canela en polvo, ralladura de 3 limones, 12 huevos, 255 g de aceite de oliva virgen extra, 24 g de levadura química.

Mezclar todos los ingredientes en la KitchenAid con las varillas hasta homogeneizar. Extender a 8 cm de grosor en una Gastronorm, previamente forrada con papel sulfurizado, y hornear a 170 ºC durante 30 minutos. A continuación, retirar del horno y dejar enfriar. Cortar en porciones de 10 x 2,5 cm y 1,5 cm de altura. Reservar en un recipiente hermético en cámara hasta el momento del pase.

TIERRA DE SABLÉ

170 g de mantequilla pomada, 300 g de harina, 85 g de azúcar, 1 g de sal, 1 g de anís estrellado en polvo, 1 yema.

Mezclar la mantequilla pomada con la harina y el azúcar manualmente. Agregar la sal y el anís, y homogeneizar. Incorporar la yema y amasar hasta obtener una masa lisa. Extender a un grosor uniforme sobre un tapete de silicona y hornear a 165 ºC durante 25 minutos. A continuación, retirar del horno y dejar enfriar. Desmenuzar la sablé resultante hasta obtener una textura arenosa y reservar en un recipiente hermético hasta el momento del pase.

MERENGUE SECO

100 g de clara pasteurizada, 100 g de azúcar, 100 g de azúcar glas, c.s. de frambuesa triturada (puré).

Montar las claras en la KitchenAid con las varillas incorporando el azúcar poco a poco. Una vez montado el merengue, incorporar el azúcar glas, previamente tamizado, con movimientos envolventes. Extender finamente en una bandeja con papel sulfurizado e introducir en el horno sin ventilación. Secar a 80 ºC durante 20 minutos. A continuación, pincelar frambuesa sobre el merengue semiseco y hornear durante 40 minutos más. Transcurrido este tiempo, reservar en un recipiente hermético hasta el momento del pase.

ACABADO

3 mitades de arándano, 1 frambuesa, c.s. de granos de granada.

Situar una porción de bizcocho de almendra en el centro de un plato y cubrir con tierra de sablé. Escudillar dos puntos grandes de ganache montada de vainilla sobre esta última. Realizar una hendidura en el centro de cada punto y rellenar con jugo de frambuesa. Decorar el conjunto con las frutas frescas (arándano, frambuesa y granada) y disponer una quenelle de sorbete de frambuesa en el centro. Terminar recostando cuatro trozos de merengue seco encima.

Vegetal.
Contrastes.
Color.

Vegetable.
Contrasts.
Color.

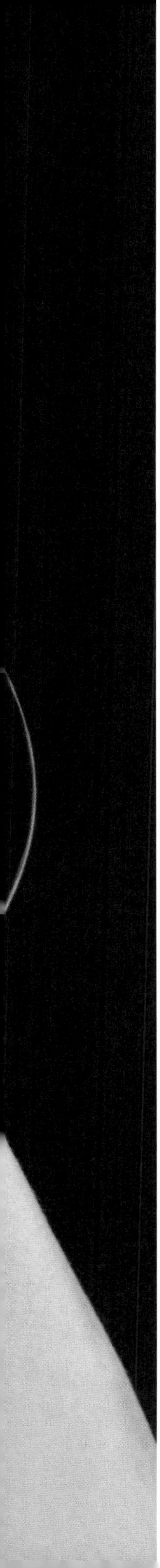

panna cotta de calabaza
pumpkin panna cotta

pumpkin panna cotta

PUMPKIN PANNA COTTA

280 g roasted pumpkin puree*, 300 g cream, 75 g sugar, 3 g salt, 2 g bicarbonate, 4 g kappa, 3 g iota.
**Made with peeled and roasted pumpkin with star anise and cinnamon stick.*
Place all the ingredients in the Thermomix and blend until 100 ºC is reached. Pour into a piston funnel and quickly pour into 12 cm diameter spiral moulds. Leave to set in the walk-in fridge and carefully remove from the mould. Keep in the walk-in fridge until the moment of the pass.

PUMPKIN SOIL

300 g pumpkin seeds, 100 g sugar, 30 g flour, 50 g tempered butter.
Place all the ingredients in the bowl of the KitchenAid and mix with the paddle until homogenised. Spread the resulting dough in a Gastronorm and bake at 180 °C for 20 minutes*. Then, remove from the oven and leave to cool. Triturate to a sandy texture and store in an airtight container until the moment of the pass.
**Stirring the dough with a wooden paddle every 5 minutes during baking.*

PUMPKIN TUILE

100 g pumpkin puree*, 50 g sugar, 50 g flour, 50 g softened butter.
**Peel the pumpkin and cook from cold. Once tender, drain and puree.*
Mix the pumpkin puree with the sugar and flour in the KitchenAid with the paddle. Add the butter little by little and homogenise. Leave the resulting dough to rest in the walk-in fridge for 2 hours. After this time, roll out thinly into a branch-shaped mould. Bake at 180 ºC without ventilation for 8 minutes. Then, remove from the oven and leave to cool. Unmould and keep in an airtight container until the moment of the pass.

EXTRA VIRGIN OLIVE OIL ICE CREAM

250 g extra virgin olive oil, 120 g milk, 250 g cream, 5 g salt, 170 g sugar, 80 g egg yolk.
Heat the milk, cream, salt and 85 g of the sugar over a low heat. Once it has reached 90 °C, gradually pour over the egg yolks, previously whitened with the remaining 85 g of sugar. Heat again while stirring until the resulting ice cream base thickens. Remove from the heat and strain. Mix with the oil and churn in the ice cream maker. Set aside in the freezer until the moment of the pass.

ASSEMBLY

3 micro-carrot shoots, 1 marigold petal, flaked salt (as needed), natural Greek yoghurt in a piping bag (as needed).
Arrange a spiral of pumpkin panna cotta in the centre of a plate. Draw a thick line of pumpkin soil on one side of it. Place a quenelle of extra virgin olive oil ice cream on the soil and sprinkle with flaked salt. Place a pumpkin *tuile* (branch) on top of the ice cream and pipe four dots of yoghurt on top of the branch. Top with the carrot shoots and the marigold petal.

panna cotta de calabaza

PANNA COTTA DE CALABAZA

280 g de puré de calabaza asada*, 300 g de nata, 75 g de azúcar, 3 g de sal, 2 g de bicarbonato, 4 g de kappa, 3 g de iota.
**Elaborado con calabaza pelada y asada con anís estrellado y canela en rama.*
Introducir todos los ingredientes en la Thermomix y triturar hasta alcanzar 100 ºC. Verter en un chino pistón y dosificar rápidamente en moldes con forma de espiral de 12 cm de diámetro. Dejar gelificar en cámara y desmoldar con sumo cuidado. Reservar en cámara hasta el momento del pase.

TIERRA DE CALABAZA

300 g de pipa de calabaza, 100 g de azúcar, 30 g de harina, 50 g de mantequilla atemperada.
Introducir todos los ingredientes en el bol de la KitchenAid y mezclar con la pala hasta homogeneizar. Extender la masa resultante en una Gastronorm y hornear a 180 ºC durante 20 minutos*. A continuación, retirar del horno y dejar enfriar. Triturar hasta obtener una textura arenosa y reservar en un recipiente hermético hasta el momento del pase.
**Removiendo la masa con una pala de madera cada 5 minutos durante su cocción.*

TEJA DE CALABAZA

100 g de puré de calabaza*, 50 g de azúcar, 50 g de harina, 50 g de mantequilla pomada.
**Pelar la calabaza y cocer desde frío. Una vez tierna, escurrir y triturar.*
Mezclar el puré de calabaza con el azúcar y la harina en la KitchenAid con la pala. Agregar la mantequilla poco a poco y homogeneizar. Dejar reposar la masa resultante en cámara durante 2 horas. Transcurrido este tiempo, extender finamente en un molde con forma de rama. Hornear a 180 ºC sin ventilación durante 8 minutos. A continuación, retirar del horno y dejar enfriar. Desmoldar y reservar en un recipiente hermético hasta el momento del pase.

HELADO DE ACEITE DE OLIVA VIRGEN EXTRA

250 g de aceite de oliva virgen extra, 120 g de leche, 250 g de nata, 5 g de sal, 170 g de azúcar, 80 g de yema.
Calentar la leche, la nata, la sal y 85 g del azúcar a fuego lento. Una vez alcanzados 90 ºC, verter poco a poco sobre las yemas, previamente blanqueadas con los 85 g restantes de azúcar. Calentar de nuevo sin dejar de remover hasta que la base de helado resultante se espese. Retirar del fuego y colar. Mezclar con el aceite y mantecar. Reservar en el congelador hasta el momento del pase.

ACABADO

3 brotes de microzanahoria, 1 pétalo de tagete, c.s. de sal en escamas, c.s. de yogur griego natural en manga.
Disponer una espiral de panna cotta de calabaza en el centro de un plato. Trazar una línea gruesa de tierra de calabaza sobre uno de los lados de ésta. Situar una quenelle de helado de aceite de oliva virgen extra sobre la tierra y poner a punto de sal en escamas. Depositar una teja de calabaza (rama) encima del helado y escudillar cuatro puntos de yogur sobre la rama. Coronar estos últimos con los brotes de zanahoria y el pétalo de tagete.

Intensidad.
Aroma.
Sabor.

Intensity.
Aroma.
Flavor.

crème brûlée de café con helado de regaliz

coffee crème brûlée with liquorice ice cream

coffee crème brûlée with liquorice ice cream

COFFEE CRÈME BRÛLÉE

1 l cream, 20 g soluble coffee, 320 g pasteurised egg yolk, 2 eggs, 50 g sugar.
Heat the cream to 80 °C and remove from the heat. Add the coffee and leave to infuse until cool. Mix with the egg yolk, eggs and sugar and pour 40-50 g into glass jars. Bake in a bain-marie in the oven at 92 °C (without ventilation) for 45 minutes. Then, bake at 99 °C (without ventilation) for a further 15 minutes. After this time, remove from the oven and leave to cool. Set aside at room temperature until the moment of the pass.

LIQUORICE ICE CREAM

120 g black liquorice*, 300 g milk, 80 g sugar, 200 g cream, 2 eggs, 2 egg yolks.
**Natural liquorice extract in concentrated paste.*
Place the liquorice paste, milk and sugar in the Thermomix. Blend at 95 °C for 4 minutes. Then, add the cream, eggs and egg yolks. Mix at 75 °C and speed 3 for 6 minutes. After this time, pour the resulting ice cream base into PacoJet containers and leave to mature in the walk-in fridge for 12 hours. After this time, freeze for 24 hours. Just before the moment of the pass, blitz the ice-cream.

ALMOND SOIL

300 g raw almonds with skin, 100 g sugar, 30 g flour, 50 g butter.
Place all the ingredients in the bowl of the KitchenAid and mix with the paddle until homogeneous. Spread the resulting dough in a Gastronorm and bake at 180 °C for 20 minutes*. Then, remove from the oven and leave to cool. Triturate to a sandy texture and set aside in an airtight container until the moment of the pass.
**Stirring the dough with a wooden paddle every 5 minutes during baking.*

HONEY GEL

250 g honey, 250 g water, 4 g agar agar, 4 g gellan.
Mix all the ingredients in the Thermomix until 100 °C is reached. Pour into a Gastronorm and leave to set in the walk-in fridge. Triturate to a smooth, fine gel and strain through a chinois. Reserve in a piping bag until the moment of the pass.

ASSEMBLY

Cover the coffee *crème brûlée* with almond soil and place a quenelle of liquorice ice cream on top. Finish with three dots of honey gel around the ice cream.

crème brûlée de café con helado de regaliz

CRÈME BRÛLÉE DE CAFÉ

1 l de nata, 20 g de café soluble, 320 g de yema pasteurizada, 2 huevos, 50 g de azúcar.

Calentar la nata a 80 ºC y retirar del fuego. Añadir el café y dejar infusionar hasta enfriar. Mezclar con la yema, los huevos y el azúcar, y dosificar 40-50 g en tarros de vidrio. Cocer al baño maría en el horno a 92 ºC (sin ventilación) durante 45 minutos. A continuación, hornear a 99 ºC (sin ventilación) durante 15 minutos más. Transcurrido este tiempo, retirar del horno y dejar enfriar. Reservar a temperatura ambiente hasta el momento del pase.

HELADO DE REGALIZ

120 g de regaliz negro*, 300 g de leche, 80 g de azúcar, 200 g de nata, 2 huevos, 2 yemas.

**Extracto natural de regaliz en pasta concentrada.*

Introducir la pasta de regaliz, la leche y el azúcar en la Thermomix. Triturar a 95 ºC durante 4 minutos A continuación, añadir la nata, los huevos y las yemas. Mezclar a 75 ºC y a velocidad 3 durante 6 minutos. Transcurrido este tiempo, verter la base de helado resultante en vasos para PacoJet y dejar madurar en cámara durante 12 horas. Transcurrido este tiempo, congelar durante 24 horas. Justo antes del momento del pase, turbinar el helado.

TIERRA DE ALMENDRA

300 g de almendra cruda con piel, 100 g de azúcar, 30 g de harina, 50 g de mantequilla.

Introducir todos los ingredientes en el bol de la KitchenAid y mezclar con la pala hasta homogeneizar. Extender la masa resultante en una Gastronorm y hornear a 180 ºC durante 20 minutos*. A continuación, retirar del horno y dejar enfriar. Triturar hasta obtener una textura arenosa y reservar en un recipiente hermético hasta el momento del pase.

**Removiendo la masa con una pala de madera cada 5 minutos durante su cocción.*

GEL DE MIEL

250 g de miel, 250 g de agua, 4 g de agar agar, 4 g de gellan.

Mezclar todos los ingredientes en la Thermomix hasta alcanzar 100 ºC. Verter en una Gastronorm y dejar gelificar en cámara. Triturar hasta obtener un gel liso y fino, y colar por un chino. Reservar en una manga hasta el momento del pase.

ACABADO

Cubrir la *crème brûlée* de café con tierra de almendra y situar una quenelle de helado de regaliz encima. Terminar dosificando tres puntos de gel de miel alrededor del helado.

Abuela.
Recuerdos.
Conservas.

Grandma.
Memories.
Canned Food.

peras al vino tinto y helado de leche de oveja
pears in red wine with sheep's milk ice cream

pears in red wine with sheep's milk ice cream

PEARS IN RED WINE

12 Blanquilla pears, 2 cinnamon sticks, 5 units of star anise, 8 cloves, 1 vanilla pod opened and scraped, 2.5 l red wine.

Peel the pears, keeping the stalks. Put them together with the rest of the ingredients in a saucepan and bring to the boil. Once it comes to the boil, simmer for 40 minutes. After this time, remove from the heat and, just before the moment of the pass, remove the pears. Core and remove both ends of each pear. Cut the middle pear slices crosswise in half. Cut out each pear portion with an 8 cm diameter pastry cutter.

Note: *Reserve the infused wine from the cooking to make a sauce afterwards.*

RED WINE AND STRAWBERRY SAUCE

250 g infused wine, 250 g strawberry juice*, 1 g xanthan, 30 g butter.

**Juice resulting from cooking strawberries in a bain-marie.*

Place the wine and strawberry juice in a saucepan and bring to the boil. Once it comes to the boil, remove from the heat. Add the xanthan and butter and triturate with a blender. Strain through a chinois and set aside until the moment of the pass.

SHEEP'S MILK ICE CREAM

225 g sheep's milk, 45 g cream, 38 g sugar, 12.5 g dextrose, 10 g ice cream stabiliser.

Place the milk and cream in a saucepan, and heat to 90 °C. Remove from the heat and transfer to a deep bowl. Burn with an electric burner up to five times and heat the mixture to 82 °C. Allow to cool and pour into a container. Leave to mature in the walk-in fridge for 12 hours. After this time, churn in the ice cream maker and store in the freezer until the moment of the pass.

CIGARETTE PASTRY TUILE

100 g flour, 100 g pasteurised egg white, 100 g icing sugar, 100 g butter.

Mix all the ingredients in the KitchenAid with the paddle until you obtain a homogeneous, lump-free dough. Leave to rest in the walk-in fridge for 2 hours. After this time, spread thinly in a honeycomb mould. Bake at 180 °C without ventilation for 8 minutes. Then, remove from the oven and leave to cool. Unmould and cut the resulting *tuile* into portions of the same diameter as those of the pears in red wine. Set aside until the moment of the pass.

ASSEMBLY

Heat a portion of red wine pear in red wine and strawberry sauce. Remove the pear and place in the centre of a deep plate. Place a piece of cigarette pastry *tuile* of the same diameter on top and crown with a quenelle of sheep's milk ice cream. Finish by serving more very hot red wine and strawberry sauce around the whole.

peras al vino tinto y helado de leche de oveja

PERAS AL VINO TINTO

12 peras Blanquilla, 2 ramas de canela, 5 unidades de anís estrellado, 8 clavos de olor, 1 vaina de vainilla abierta y raspada, 2,5 l de vino tinto.
Pelar las peras manteniendo su pedúnculo. Introducir junto con el resto de ingredientes en una olla y llevar a ebullición. Una vez arranque el hervor, cocer a fuego lento durante 40 minutos. Transcurrido este tiempo, retirar del fuego y, justo antes del momento del pase, extraer las peras. Descorazonar y retirar ambos extremos de cada una. Cortar las partes centrales resultantes por la mitad (transversalmente) y troquelar cada una con un cortapastas de 8 cm de diámetro.
Nota: *Reservar el vino infusionado resultante de la cocción de las peras para elaborar una salsa a continuación.*

SALSA DE VINO TINTO Y FRESA

250 g de vino infusionado, 250 g de jugo de fresa*, 1 g de xantana, 30 g de mantequilla.
**Jugo resultante de la cocción de fresas al baño maría.*
Introducir el vino y el jugo de fresa en un cazo, y llevar a ebullición. Una vez arranque el hervor, retirar del fuego. Añadir la xantana y la mantequilla, y triturar con la túrmix. Colar por un chino y reservar hasta el momento del pase.

HELADO DE LECHE DE OVEJA

225 g de leche de oveja, 45 g de nata, 38 g de azúcar, 12,5 g de dextrosa, 10 g de estabilizante para helados.
Introducir la leche y la nata en un cazo, y calentar a 90 ºC. Retirar del fuego y pasar a un recipiente hondo. Quemar con un quemador eléctrico hasta cinco veces y calentar la mezcla a 82 ºC. Dejar enfriar y verter en un recipiente. Dejar madurar en cámara durante 12 horas. Transcurrido este tiempo, mantecar y reservar en el congelador hasta el momento del pase.

TEJA DE PASTA CIGARRILLO

100 g de harina, 100 g de clara pasteurizada, 100 g de azúcar glas, 100 g de mantequilla.
Mezclar todos los ingredientes en la KitchenAid con la pala hasta obtener una masa homogénea y sin grumos. Dejar reposar en cámara durante 2 horas. Transcurrido este tiempo, extender finamente en un molde con forma de panal. Hornear a 180 ºC sin ventilación durante 8 minutos. A continuación, retirar del horno y dejar enfriar. Desmoldar y cortar la teja resultante en porciones del mismo diámetro que las de las peras al vino tinto. Reservar hasta el momento del pase.

ACABADO

Calentar una porción de pera al vino tinto en salsa de vino tinto y fresa. Extraer la pera y situar en el centro de un plato hondo. Disponer un trozo de teja de pasta cigarrillo del mismo diámetro encima y coronar con una quenelle de helado de leche de oveja. Terminar sirviendo más salsa de vino tinto y fresa muy caliente alrededor del conjunto.

José Carlos.
Lourdes.
Málaga.

Fin del Capítulo 1. Continuará.
End of Chapter 1. To be continued.